KB210448

싱글남의

愛^애犬^견日^일記^기

Single Life with Singing Siberian Husky Dumas

싱글남의

愛^애犬^견日^일記^기

Single Life with Singing Siberian Husky Dumas

오현리 | 지음

나눔사

우리의 삶은 수많은 관계로 맺어져 있다. 당연히 좋은 관계도 있고, 좋지 않은 관계도 있다. 물론 관계란 것이 대부분 사람과 사람 사이에서 이루어지는 것인 만큼, 이해와 애증이 얽히는 때문에 모두 좋기란 불가능하겠지만, 더욱 큰 문제는 좋았던 관계마저 악화되는 것이다.

사람이 살아가며 맺을 수 있는 수많은 관계 중에 애완견과의 사이는 무척 각별하다. 어쩌면 '내리사랑'처럼 무조건적으로 베풀어야만 하는 일방적인 관계라고도 할 수 있다.

우리는 그저 습관적으로 '개는 인간의 가장 오랜 친구'라는 말을 되뇌지만, 조금만 더 신경을 기울여 살펴보면 참으로 많은 것을 알 수 있고, 나아가 '관계'라는 단어에 대해 한 번 더 생각해 볼 수도 있다. 동물에 대해 또한 그들이 생각하는 우리와는 다른 세계에 대해 색다른 시각이 생길 수도 있는 것이다.

이 글은 시베리안 허스키 두마와 강산이 한 번 반 바뀔 15년을 함께 사는 동안 나름대로 느끼고, 배우고, 새로이 생각하게 된 자잘한 이야기들을 모은 것이다. 제대로 된 애견일기는 아니지만, 함께 겪었던 특별한 일들과 단상(斷想)에 가까운 내 생각을 두마의 성장에 맞춰 기록했고, 이런저런 정보를 섞긴 했지만 대개는 직접 겪은 내용이다.

글을 쓰는 동안 개인적으로 힘든 일을 겪었기에 술도 많이 마셨다. 밤늦게 술에 취해 비틀거리며 돌아와도, 반갑게 맞아 주는 두마를 보면 조금이나마 마음이 가라앉았다. 아무리 힘든 순간일지라도 내가 보살펴 줘야만 하는 존재가 있다는 것은 부담이 아니라 오히려 마음을 가라앉히는 데 적지 않은 힘이 되었던 것이다.

취중에도 컴퓨터를 켜고 가물가물한 눈으로 모니터를 보며 몇 줄씩 적어 내려가곤 했다. 다소 표현이 어색하거나 곳곳에 치기(稚氣)가 어려 있는 것은 술기운 탓이리라.

나는 동물 전문 사육사도 아니고, 수의학을 전공한 사람도 아니다. 그저 개가 좋아서 키웠고 함께 지내다 보니 자연스레 정이 들었을 뿐이다. 그러므로 내가 쓴 글은 대부분의 개에 대한 포괄적인 내용일 수도 있고, 두마만의 개별적인 것일 수도 있다. 비록 허점이 있거나, 다른 개와는 전혀 다른 모습일지라도, 이 글이 시베리안 허스키를 아니 개를 사랑하는 사람이라면 누구나 입가에 작은 미소를 떠올릴 수 있게끔 했으면 하는 작은 소망을 가져 본다.

2018 겨울 용수재에서 오현리

애완견을 키우는 친구가 이런 말을 한 적이 있다.
"때론 강아지가 가족보다 낫다는 생각이 들기도 해.
늦게까지 술을 마시고 집에 들어가면
마누라와 아이들은 세상모르고 자고 있지만…
강아지는 꼬리치며 달려 나와 반겨 주거든."

"과연 내가 강아지를 잘 보살필 수 있을까?
때맞춰 밥도 챙겨 줘야 하고, 목욕도 시켜야 할 것이며,
며칠씩 집을 비우기도 힘들 터였다.
애물단지 하나 떠맡는 건 아닐지?"

1997년 여름, IMF 사태가 일어나기 몇 달 전에 신촌 근방으로 이사를 했다. 새 보금자리가 될 곳은 4층까지는 사무실이고, 그 위층은 살림채인 아담한 주상복합 건물이었다. 그런데 살림채는 특이하게도 복층(復層) 구조로, 5층에는 거실과 방이 있고, 6층에는 작은 옥탑방과 함께 제법 넓은 베란다가 딸려 있었다.

건물에 엘리베이터가 없어서 오르내리기가 쉽지 않았지만, 아파트처럼 독립적인 생활을 할 수 있고, 꽤 넓은 베란다를 정원처럼 활용할 수도 있다는 것이 마음에 들어 거처로 정했다. 게다가 주위에는 높은 건물이 많지 않아 시야가 트였다는 점도 좋았다.

내 짐의 대부분은 책인지라 모두 정리하자면 한 달은 족히 걸릴 터였다. 어차피 느긋하게 여유를 가지고 해야 할 일이기에, 얼마 되지 않는 가구와 책장만 대충 자리를 잡아 두고 식사도 할 겸 집을 나섰다.

동네는 주택과 오피스가 반반씩 섞인 곳으로 비교적 조용했고, 시장과 대형마트 그리고 세탁소 같은 생활 편의시설도 가까웠다. 더구나 H대학교에서 그다지 멀지 않은 곳이어서 식당도 많았고, 저마다 독특함을 자랑하는 카페들도 눈에 띄었다.

식사를 마치고 돌아오는 길에 우연히 내가 이사 온 건물에서 한 블록쯤 떨어진 곳에 있는 동물병원 앞을 지나게 되었다.

어려서부터 동물을 무척 좋아했지만, 각박한 도시생활에 쫓기다 보니 정신적 여유도 없었고, 애완동물을 키울 만한 공간이 있는 곳에 살지도 못했다. 거리를 지나다 귀여운 강아지를 보아도 그저 잠깐 바라보다가 가는 것이 고작이었으니 말이다.

하지만 그날은 무슨 까닭인지 동물병원의 대형유리창 앞에 멈춰 서서 한참이나 안을 들여다보았다. 이사를 하고 난 후의 여유인지 허전함인지 모르겠지만.

작은 강아지들이 서로 뒤엉켜 상대 귀를 물어뜯으며 뒹구는 모습을 오랫동안 구경하다가 나도 모르게 문을 열고 안으로 들어갔다.

"어떻게 오셨습니까?"

"아, 강아지들 노는 게 귀여워서요."

"하하, 그러세요? 차 한 잔 하시겠습니까?"

서글서글한 인상의 수의사가 친절하게도 종이컵에 인스턴트커피를 타서 권했다.

"동물을 키우시나요?"

"아닙니다. 마음은 있지만 도통 여유가 없어서요. 더구나 오늘 막 이사를 왔습니다. 여기서 멀지 않아요."

"아, 그러셨군요."

커피를 홀짝이며 잠시 이야기를 나누던 중에 수의사가 불쑥 솔깃한 제안을 했다. 개를 한 마리 키워 보지 않겠냐는 것이었다.

"이놈들이에요. 전부 네 마리가 왔는데, 둘은 죽고 두 놈만 살았지요."

얼마 전, 단골 고객이 키우는 개가 새끼를 네 마리를 낳았는데 모두가 장염에 걸려 치료를 받던 중 두 마리는 죽고 두 마리만 살아남았단다.

"주인은 별로 키우고 싶지 않은가 봐요. 키우겠다는 사람이 나서면 소개해 달라고 했거든요. 약간의 사례만 하면 될 겁니다."

"그래요? 무슨 종(種)인데요?"

"시베리안 허스키(Siberian Husky)라고… 썰매 끄는 개예요."

"시베리안 허스키요?"

"흔히 늑대개라고도 하죠. 사역견(使役犬, Working Group)이라 싸움이나 경비 등에는 부적합하지만 튼튼하고 붙임성이 좋아 키우기 편해요. 덩치가 커서 아파트 같은 데선 곤란하지만……."

과연 내가 잘 보살필 수 있을까? 때맞춰 밥도 챙겨 줘야 하고, 목욕도 시켜야 할 것이며, 며칠씩 집을 비우기도 힘들 터였다. 애물단지 하나 떠맡는 건 아닐지?

하지만 조그만 녀석이 재롱을 피우던 모습이 머리를 떠나지 않았다. 어쩌면 짧지 않은 세월 홀로 지내왔기에 외로움이 뼛속 깊이 스민 때문인지도 몰랐다.

이튿날 나는 다시 병원을 찾았다. 그리고 병원을 나설 때는 태어난 지채 한 달이 지나지 않은 털북숭이 강아지 한 마리를 조심스레 안고 있었다. 두 형제를 장염으로 잃고 살아남은 나머지 둘 가운데 한 녀석이었다.

목차

표지화 : 남진웅 / 내지 컷 : 이기영, 조병근

Chapter.1

'두마'라는 이름

"애완동물을 키우기 시작했을 때,
가장 먼저 필요한 것이 이름을 지어 주는 일이다.
어릴 때부터 자꾸 이름을 불러줘야
자신을 부르는 소리임을 알게 된다."

"애완동물은 어려서부터 이름을 불러 줘야 그게 자기를 부르는 소린 줄 알아요."

수의사에게 들은 이야기도 있고 해서, 나는 며칠 동안 녀석에게 어울리는 이름을 짓고자 나름 고심했다. 역학에도 관심이 많아 성명학 관계 서적도 펴낸 터라 스스로도 신경이 쓰이지 않을 리 없었다.

이름이란 모름지기 부르기 쉽고, 듣기 편하며, 뜻이 좋고, 독특해야 하는데… 말은 쉽지만, 이렇게 짓기란 거의 불가능하다.

자식이나 다름없는 만큼 성은 오 씨―실제로 동물에게 성(姓)을 붙이지는 않는 법이라지만―이니, 오행상 음령(音靈: 소리)으로는 수이고, 수리(數理)로는 7획 금이 된다. 이와 길한 배합을 찾는 것은 물론 원형이정(元亨利貞: 하늘이 갖추고 있는 네 가지 덕 또는 사물의 근본 원리)을 맞추고 좋은 의미를 담아야 하는데, 애완동물은 대개 외국어로 이름을 지으니 어떻게 적용시켜야 할지 난감하다.

호기심에 중국어 사전을 찾아보니, 시베리안 허스키를 '서백리아설취견(西伯利亚雪橇犬: 시베리아산 썰매개)'라고 하며, 우스꽝스런 짓을 잘하기에 '이합(二哈: 속어로 '멍청이' 또는 '별종')'이라고 부르기도 한단다. 재미는 있지만, 자기 자식을 멍청하다고 할 수는 없지 않은가.

이런저런 책을 뒤적여 보기도 하고, 어학에 능통한 친구에게 묻기도 해서 '듀마'와 '히마'로 압축했다. '듀마(러시아어 дума, 영어 Dumas)'란 '러시아 의회'를 가리키는 말로 '지혜'라는 의미를 담고 있는데, 녀석의 뿌리가 러시아 영토인 시베리아라는 점을 감안한 이름이고, 히말라야의 접두어인 '히마(Hima)'는 '눈[雪]'을 뜻하는 산스크리트어인데, 녀석의 털이 흰색이기에 어울릴 것 같아서 고른 것이었다.

얼마간 생각한 끝에 발음이 부드러운 '히마'보다는 다소 사내다운 느낌을 주는 '듀마'로 결정했는데, '듀'는 복모음이라 발음이 까다로워 편하게 부르다 보니 '두마'가 되었다. '노마'나 '꼬마'처럼 친근하기도 하면서 나름대로는 독특한 이름이라고 여겼지만, 세상은 넓고도 좁은 법. 충청남도에는 두마면이, 일산에는 마두동이 있었다.

앞서 밝혔듯이 애완동물을 키우기 시작했을 때, 가장 먼저 필요한 것이 바로 이름이다. 하지만 동물은 뜻을 알지 못한다. 다만 소리를 들을 뿐이다. 개 훈련용어가 2~4자 내외의 짧은 단어로 이뤄진 것도 이 같은 연유에서다.

따라서 아주 길지 않은 이름을 지어서, 어릴 때부터 자꾸 불러 줘야 자신을 부르는 것임을 알아듣게 된다.

아직까지 많은 사람들이 애완동물의 이름에 대해 너무 안이하게 생각하는 것 같아 안타까운 생각이 든다. 특히 동물원 같은 곳에 가보면 그야말로 상상력의 부족을 여실히 드러내고 있음에 경악할 정도다. 호랑이는 '호돌이'나 '호순이'이고, 코끼리는 '코돌이', '코순이'가 고작이다. 조금만 신경을 쓰면 얼마든지 예쁘고 친근한 이름을 지어줄 수 있을 텐데.

하긴 예전에 우리나라에서 키우는 개의 이름은 대부분 '누렁이'나 '흰둥이' 또는 '점박이(바둑이)'였다. 문자를 쓰면 '백구(白狗)', '황구(黃狗)', '반구(斑狗)'인데, 결국 의미는 똑같다.

6 · 25 전쟁 이후, 한국에 주둔한 미군들의 영향으로 개 이름에도 양풍

(洋風)이 불어, '메리(Mary)', '베스(Beth: Elisabeth의 애칭)', '독구(Dog을 일본식으로 발음한 듯)', '쫑(John의 격음인 듯)' 등이 유행하기 시작했고, 1970년대 초반까지는 '케리(Kerry)', '럭키(Lucky)', '해피(Happy)' 등으로까지 확대되었다.

원로가수 현미가 부른 '몽땅 내 사랑'이라는 노래의 첫 소절 '길을 가다가 사장님! 하고 불렀더니 열의 열 사람 모두가 돌아보더라'라는 가사와 마찬가지로, 처음 보는 개라도 메리, 베스, 독구, 쫑, 케리, 럭키, 해피라고 부르면 상당수가 꼬리를 흔들었던 기억이 난다.

근자에 들어서는 상당히 다양해졌지만, 아직도 많은 사람들이 무신경하게 이름을 짓거나 아니면 반대로 너무 고민하는 듯하여 나름대로 애완동물의 이름을 짓는 방법 몇 가지를 제시해 본다.

애완동물 이름짓기

1. 애완동물에게 사람처럼 '철수'나 '영희' 등의 이름을 붙여 주는 것은

권할 만한 것이 못 된다. 사람의 이름과 동물의 이름은 분명히 차이가 있어야 하는 때문이다. 성도 붙이지 않는다.

2. 외국어를 사용할 경우, 동물의 종(種)에 상관없이 특징을 잡아 지어 주면 좋다. 개라고 해서 반드시 견(犬)이나 구(狗)를 사용할 필요는 없고, 특징에 해당하는 한자나 영어를 사용하면 된다. 예를 들어 바람처럼 빠르다면 '풍(風)'을, 잠이 많다면 '슬립(Sleep)'을 응용해서 이름을 짓는 것도 하나의 방법이다.

3. 순우리말 이름을 지어 주는 것도 괜찮다. 하지만 너무 안이하게 생각해서는 안 된다. 검으니까 '검둥이', 누런색이니까 '누렁이'라고 짓는 것은 특징도 없고 무성의해 보인다. '누리(=세상)', '미르(=용)'처럼 아름답고 멋진 단어를 찾아보자. 우리말 공부도 하면서.

4. 전혀 엉뚱한 이름, 예를 들어 동물에게 식물이나 이종(異種)의 이름을 붙여 주는 것도 한 방법이다. 어느 여류작가는 고양이를 두 마리 키우는데, 한 마리는 '꽁치'이고 다른 한 마리는 '딸기'이다. 재미도 있고 부르기도 좋은 이름이라 할 수 있다. 물론 자신의 먹이인 생선의 이름을 가진 고양이는 기분이 썩 좋지 않겠지만.

또한 중국 여류작가가 쓴 하이틴소설에서 고양이에게는 '커피', 앵무새에게는 '밀크'라는 이름을 붙인 경우도 보았다. 이 같은 발상의 전환도 필요하다.

5. 외국어로 이름을 지을 때는 애완동물의 고향, 즉 원산지의 언어를 조사해 보는 것도 좋다. 샴고양이라면 태국어로, 중국산 찡이라면 중국어로 짓는 것이다.

6. 일반적으로는 애완동물의 이름에는 영어를 많이 사용하는데, 영어 이름에도 각각 숨은 뜻이 있으니 이왕이면 어울리게 짓는 게 좋다. 웹스터 사전에 상세히 나와 있다. 이는 애완동물뿐이 아니라 국제무대에서 활동하는 예술가나 사업가도 참고하면 좋을 것이다. 예를 들면, 레오(Leo)는 '사자', 알바(Alva)는 '흰색', 솔로몬(Solomon)은 '평화'라는 뜻을 가지고 있다.

식구도 없는 썰렁한 집. 나 외에 체온을 지닌 생명체가 있다는 사실은 적지 않은 위안이었다. 아직은 짧은 다리로 깡충거리고 뛰어다니며 곁에 와서 재롱을 피우거나 방 한구석에서 곤하게 자는 모습을 보며, 비로소 부모가 아이를 키우는 심정을 약간이나마 이해하게 된 것 같아 나는 정성껏 두마를 보살폈다.

무조건 보살펴 줘야 하는 관계지만 부담스럽지 않음은 왜일까? 짐승은 결코 배신하지 않는다는 말을 들어서일까?

두마를 키우기 시작한 뒤로는 생활 습관도 많이 바뀌어 식사도 규칙적으로 하게 되었고, 미혼이기 때문에 친구나 선배의 집에서도 곧잘 잠을 자던 나였지만 거의 외박도 하지 않게 되었다. 불 꺼진 빈집에서 두려움에 떨며 외롭게 있을 녀석을 생각하면 무리를 하더라도 집으로 돌아오려 노력하게 된 것이다.

두마는 호기심이 무척 많은 놈이었다. 내가 무슨 일을 하건 곁에 와서 관심을 보였고, 혼자 놀다가도 30분 이상 자기를 부르지 않으면 슬며시 다가와 살펴보곤 했다. 사사건건(事事件件) 참견하지 않는 경우가 없기

에, 나는 녀석에게 무협지에 등장하는 강호인처럼 '사사견견(事事犬犬)'
이라는 별호를 붙여 주었다.

그리고 한 해 뒤, 두마는 새로운 별명을 얻게 된다.

Dumas' View

나는 드넓은 시베리아 벌판을 뒤덮은 은백색 눈을 헤치며 썰매를 끌고
힘차게 달리는 시베리안 허스키의 후손이다. 내 종족의 위용 가득한 모습
은 자동차 CF에도 사용되었을 정도이니 더 말할 필요가 없으리라. 때문
에 우리 종족은 '바람을 보는 개'라고도 불린다고 한다. 그런데 동료들은
CF 출연료를 얼마나 받았을까?

부모님은 모두 시베리아 태생으로 한국으로 건너와 정착하셨지만, 나
는 이 나라에서 태어났으니, 이른바 이민 2세인 셈이다. 채 젖을 떼기도
전에 우리 형제들은 모두 장염에 걸려 병원으로 갔는데, 형인지 동생인지
둘은 영영 눈을 뜨지 못했고 나를 포함한 둘만 살아남았다.

몸을 회복할 즈음 나는 생물학적 분류로 호모 사피엔스인 지금의 아빠
를 만나 함께 살기 시작했다. 물론 나도 눈치가 있으니 지금 나를 키워 주
는 아빠가 친아빠가 아니라는 것쯤은 안다. 나와는 달리 몸에 털도 없고,
불편하게 두 발로 서서 다니지 않는가?

아빠는 나보다 힘도 세고 밥도 챙겨 주는 사람이기에 대장으로 섬길 수밖에 없다. 그리고 나 역시 아빠라는 표현보다는 '대장'이 좋다. 훨씬 남자답게 여겨지는 표현인 때문이다.

아빠는 나를 '두마'라고 부른다. 내 고향에서 사용하는 말로 '지혜'라는 뜻이고, 「삼총사(Les Trois Mousquetaires)」라는 소설을 쓴 프랑스의 문호 알렉상드르 듀마(Alexandre Dumas)와 같다며 아빠 스스로는 만족스러워하는 듯하다.

복실이나 누렁이처럼 촌스럽지도 않고, 해피나 캐리처럼 흔한 이름도 아니어서 나 역시 좋게 생각한다. 더구나 나는 '머리를 갈고 닦는다'는 뜻인 '두마(頭磨)'라는 한자 이름과 '사사견견'이라는 호도 있다.

그런데 아빠가 나를 부르는 방식은 다양하다. '두미!'라거나 '두—움!' 또는 '아들!' 심지어는 '멍멍아!' 또는 '개야!'라고도 한다. 때로는 휘파람을 불거나 박수를 치기도 한다.

물론 그 뜻을 완전히 알아듣는 것은 아닌지라 대략 눈치로 때려잡아 나를 부르는 신호라고 생각되면 달려간다. 다가가서 꼬리를 흔드는데, 운이 좋을 때면 과자나 햄 따위도 얻어먹을 수 있어 좋다.

하지만 월드컵인가 뭔가 할 때는 정말 허탕을 많이 쳤다.

"대한민국 ~ 짝짝짝–짝짝!"

박수소리가 나서 부리나케 달려가 보면 아빠는 친구들과 함께 네모난 유리상자만 쳐다보며 소리를 지를 뿐 내겐 관심도 두지 않기에 그때는 정말 화가 많이 났다.

"아빠! 아들 이름 좀 똑바로 불러요."

Chapter.2

애완견 기본훈련

"특수한 목적이 아니라면 지나친 훈련은
오히려 독이 될 수 있다.
하지만 기본적인 훈련은 시켜야
서로 편하게 지낼 수 있다."

어떤 애완동물을 키우는가는 크게 중요하지 않다. 고양이를 키우건 개를 키우건 아니면 취미가 색달라 뱀이나 이구아나 심지어는 악어를 키우건 상관없다. 그렇지만 먹이를 구하거나, 병에 걸렸을 때 치료를 위해서 또는 새끼를 얻고자 할 때 등을 생각하면 가급적 평범한 것이 좋다.

벤츠나 BMW 같은 외제차는 폼도 나고 타기는 좋지만, 값이 비쌀뿐더러 A/S도 어려운 것과 마찬가지다. 다행히 요즘은 이색 애완동물을 키우는 사람끼리는 정보를 공유해서 많이 나아졌다니 반길 일이다.

혈통 역시 크게 문제될 것은 없다. 기왕이면 순종이 좋겠지만, 순수한 혈통이라고 해서 반드시 똑똑한 것은 아니다. 소위 족보라는 것도 100% 신뢰할 만한 것은 못 된다. 가짜도 적지 않으니까.

들은 얘기지만 시베리안 허스키나 알래스칸 말라뮤트의 경우, 은근히 잡종도 많다고 한다. 예전에는 동일한 견종이 많지 않았고, 누가 소유하고 있는지도 알 수도 없었으므로 어쩌다가 서로를 발견하면 같은 견종이라 여기고 교배를 시킨 때문이라고 한다.

사자와 호랑이 사이에서 태어난 이종(異種)을 '라이거(Liger: 수사자와 암호랑이의 새끼)'나 '타이곤(Tigon: 수호랑이와 암사자의 새끼)'이라고 하는 것처럼 알래스칸 허스키 또는 시베리안 말라뮤트라고 할 수도 있을 것이다.

잡종이면 어떤가? 나만 귀여우면 되고, 정은 붙이기 나름인 것을.

다만 기본적인 것은 가르쳐야 한다. 기르는 이가 편하기 위해서 또한 서로의 정을 더욱 돈독히 하기 위한 필수조건이다. 그러나 6개월이 지나면 거의 훈련이 불가능한 만큼 기왕이면 일찍 시작해야 한다.

기본 훈련 가운데서도 중요한 것이 올바른 배변 습관을 길러 주는 것이다. 아무 곳에나 배설을 하면 냄새가 나는 것은 물론 그때마다 치우기도 힘들다. 그러므로 어릴 때부터 훈련을 통해 지정된 곳에서 일을 보도록 해야 한다.

전문 훈련소에서는 어떨지 모르겠으나, 일반인도 할 수 있는 방법은 대략 다음과 같다.

집에 마당이 있더라도 강아지가 아주 어릴 때는 집안에서 키우는 경우가 많은데, 한 달 정도가 지났을 무렵부터는 다소 귀찮더라도 주인이 세심한 주의를 기울여 바른 습관을 익혀 주어야 한다.

늘 강아지를 살피고 있다가, 배변을 하려 할 때면 미리 깔아둔 신문지 위로 데려간다. 몇 번 실패하더라도 신경을 기울이면 기회를 잡을 수 있다. 중요한 것은 강아지가 배변을 하여 냄새가 밴 신문지를 버려서는 안 된다는 사실이다.

냄새가 밴 신문지 위에서 배변하도록 계속 유도하면서, 신문지를 조금씩 화장실 가까이로 옮긴다. 그리고 나중에는 신문지를 화장실 안에 넣어 둔다. 이렇게 되면 개가 알아서 화장실에 들어가 용변을 보게 된다.

주의할 점은 늘 화장실 문을 약간 열어 두어야 한다는 것이다. 덧붙여 한 가지 팁을 전하자면, 화장실 문을 열어 놓았다 하더라도 바람 등에 의해 문이 저절로 닫힐 수가 있으므로 문에 욕실용 슬리퍼 같은 것을 받쳐 두어야 한다.

아무리 그래도 24시간 내내 강아지를 살필 수는 없는 노릇이므로, 가끔씩 놓칠 수도 있고, 강아지가 엉뚱한 곳에서 일을 볼 수도 있다. 그럴 경우, 강아지를 배설물 앞으로 데려가 야
단을 쳐야 한다. 다만 시간이 한참 흐른
뒤에는 소용이 없다. 개는 기억력이 그
다지 좋지 않아, 시간이 지나면 자신이
무엇을 잘못했는지 모르는 때문이다.

  또한 야단도 적당히 쳐야지 너무 심
하면 강아지는 '아! 뭔가를 싸면 혼나는구나!'라고 생각하여 무리하게 참
다가, 심하면 방광염이나 변비 또는 식분증(食糞症)에 걸릴 수도 있으니
주의해야 한다.

  성견(成犬)이 되기까지 두마는 배설 장소를 상당히 가렸다. 자신이나
다른 개의 체취가 배어 있는 전봇대 같은 곳에서만 배설을 한다는 얘기가
아니다. 앞서 말한 쉽지 않은 배변 훈련과정을 훌륭히 치른 것이 오히려
문제였다.

  녀석은 수세식 변기 물을 내릴 줄만 몰랐지 때가 되면 지정된 장소에서
훌륭히 일을 치르게 되었다. 늘 화장실 문을 약간 열어 놓아야 한다는 문
제는 있지만 말이다.

  두마를 키운 지 넉 달이 조금 지났을 무렵, 용인에 사는 친구에게 다녀
올 일이 생겨 집을 나서다가 녀석의 초롱초롱한 눈망울과 마주쳤다. 상당
히 늦을지도 모른다는 생각에 어두운 집에서 홀로 있을 녀석이 안쓰러워
목에 줄을 매어 데리고 나왔다. 뜻하지 않은 외출에 녀석은 신이 난 모양
이었다. 더구나 난생 처음 차까지 타게 되었으니.

생각보다 길이 막혀 거의 세 시간이 다 되어서야 용인에 도착할 수 있었다. 아무리 친구 집이라지만 강아지를 데리고 들어가긴 곤란해서, 두마를 그대로 차안에 두고 혼자서 아파트로 들어갔다.

"오랜만이야. 오느라 고생했어."

"차가 조금 밀려서 생각보다 시간이 많이 걸렸어.

"그럴 거야. 이쪽도 아파트가 많이 들어섰거든… 요즘 어떻게 지내?"

"그냥 그렇지 뭐. 요즘 세상에 글 써서 먹고산다는 일이 쉽진 않잖아?"

"맞는 얘기야."

비교적 경제에 어두운 편인 우리 글쟁이들조차 IMF의 조짐을 막연하게나마 느끼고 있었던 것이다.

오랜만에 만난 터라 친구는 이야기를 더 나누고 싶어 했지만, 나는 차에 두고 온 두마에게 여간 신경이 쓰이는 게 아니어서, 저녁을 먹고 가라는 친구 부인의 간곡한 만류도 뿌리치고 집을 빠져 나왔다.

차안에서 외롭고 답답했던지 두마는 내 모습이 보이자 벌떡 일어서서 유리창을 긁어댔다. 얼른 문을 열고 녀석의 머리를 한참 쓰다듬어 주고는 시동을 걸었다.

서울로 올라오는 길은 더욱 정체가 심했다. 세 시간이 지나 겨우 고속도로를 빠져 나왔을 때, 문득 두마가 아직까지 용변을 보지 않았다는 생각이 들었다. 집에서 나온 지 무려 일곱 시간 가까이가 지났는데.

천천히 차를 몰며 한적한 곳을 찾았다. 마침 도로에서 우측으로 빠지는 샛길 어귀에 가로수가 보이기에 차를 세우고 두마가 내리도록 했다.

그런데 흙이 있는 가로수 옆으로 데리고 가도 녀석은 통 용변을 볼 생각을 하지 않았다. 그저 킁킁거리며 냄새만 맡을 뿐 다른 개들처럼 한쪽 다리를 들고 흔적을 남기려 하지 않았다. 얼마간 기다리다가 결국 다시 차에 태우고 집으로 돌아왔다.

집에 도착하여 현관문을 열자마자 두마는 허겁지겁 화장실로 달려갔다. 녀석은 마치 초등학교에 첫 등교를 했다가 재래식 화장실에서 일을 보지 못하고 얼굴이 창백해져 집으로 돌아와 화급히 화장실로 달려가는 어린아이와 조금도 다름이 없었다. 늘 일을 보던 곳을 찾을 수 없었기에 무리하게 참고 있었던 것이다.

세월이 흐른 지금, 많은 사회성을 획득한 두마는 전봇대를 보면 당당하게 흔적을 남긴다.

배변 훈련 외에도 '앉아!', '일어서!', '기다려!' 등 간단한 동작과 남이 주는 것을 먹지 않는 바른 식사 태도 등을 익히도록 하는 것은 좋지만, 특별한 목적이 없다면 지나친 훈련은 좋지 않다. 동물이 느끼는 스트레스가 무척 크기 때문이다. 혹독한 훈련을 받은 맹도견이나 군견 등은 일반 개에 비해 수명이 현저히 짧다고 한다.

애완견을 기르는 사람이라면 대부분 주인에게는 순하고, 적에게는 용맹스런 개를 원할 것이다. 그야말로 이상적이고, 말은 쉽다. 하지만 '용맹스럽다'는 것은 곧 '사납다'는 것인데, '사나움'과 '순함'은 상반된 성정이므로, 이를 함께 갖추기란 정말 어렵다.

순한 개는 누구에게나 순하고, 사나운 개는 누구에게나 사납다. 심지어 밥을 주는 주인에게조차도. 순한 개는 자기를 잘 대해 주는 주인에게 더

순할 뿐이고, 사나운 개는 주인에게 덜 사나울 뿐이다.

개에게 너무 많은 것을 바라지 말자. 애완견 모두가 영화나 텔레비전에서 보듯 잘 훈련된 멋진 개일 수는 없다.

마찬가지로 개가 말을 듣지 않는다고 너무 나무라지 말자. 괜히 개인가?

개는 말을 알아듣는다기보다는 분위기를 파악하여 행동한다. 아무리 사나운 개라 할지라도 제대로 훈련을 받지 않았다면, 주인이 아닌 사람이 '집에 들어가!'라고 소리를 질러도 꼬리를 내리고 집으로 다시 들어가는 경우가 많다. 평소 주인에게 많이 야단을 맞았기에 집에 들어가지 않으면 혼난다고 여기는 것이다.

간혹 숫자도 알아듣고, 주인이 시키는 대로 신문이나 슬리퍼 등을 가져오는 개도 있긴 하지만, 아주 드문 경우이다. 만약 슬리퍼를 잘 가져오는 개에게 "슬리퍼 가져오지 마!"라든가 "슬리퍼 말고, 신문 가져와!"라고 약간 복잡한 명령을 내린다면 무척 혼란스러워 할 것이다.

또한 외국에서 들여온 개는 그 나라 언어로 명령을 해야 말을 듣는 경우도 있다. 러시아에서 개를 수입한 이는 개들이 우리말을 알아듣지 못하기 때문에 몇 가지 명령어를 러시아어로 배웠다고 한다.

일본 만화 「아남(餓男: 코이케 카즈오(小池一夫) 글, 이케가미 료이치(池上遼一) 그림)」에는 탈옥한 범죄자가 경찰견이 쫓아오자 독일어로 'Anhalten(정지)!'라고 명령을 내려 추적하지 못하도록 하는 장면이 있다. 당시 대부분의 경찰견은 독일에서 훈련을 받았다는 사실을 알고 개의 맹점을 이용한 것이다. 이처럼 개가 특정단어에 반응하도록 훈련시키면 상상을 뛰어넘는 일도 벌일 수가 있다고 한다.

1970년대 인기리에 방영된 미국 드라마 「형사 콜롬보(Columbo)」 중에 특정단어에 대한 개의 반응, 즉 공격 명령어에 관련된 일화가 있다. 잘 알다시피 콜롬보는 피터 포크(Peter Falk)가 로스앤젤레스 시경 살인과 경감으로 등장하는 수사물로, 범인이 마지막에 밝혀지는 일반 추리물과는 달리 미리 범인이 범행을 저지르는 장면을 보여 주고 수사관이 사건을 역추적하여 전모를 밝히는 도서추리물(倒敍推理物)이다.

「형사 콜롬보」(사진 IMDB)

영화 제작자인 범인은 「시민 케인(Citizen Kane/ 감독 오손 웰즈/ 주연 조셉 코튼, 도로시 커밍오어, 오손 웰즈/ 1941)」에서 소품으로 사용되었던 '로즈 버드(Rose Bud)'라고 쓰인 썰매를 가지고 있다.

그는 동업자를 자신의 별장으로 부른 뒤, 밖에서 전화를 걸어 핑계를 대고 썰매에 쓰인 글자를 읽도록 한다.

"지금 내기가 붙었거든. 미안하지만 벽에 걸어둔 썰매에 쓰인 글자 좀 읽어 주게."

"로즈 버드!"

이 소리에 근처에 있던 도베르만이 으르릉! 이를 드러내며 공격자세를 취한다.

"잘 안 들려. 다시 한 번. 더 크게!"

"로즈 버드-!"

그 순간, 훈련된 도베르만이 달려들어 날카로운 이빨로 동업자의 목을 물어버린다.

살인사건이 발생했으나, 범인은 누가 보아도 개이니… 난감해진 것은 수사관 콜롬보.

하지만 콜롬보는 현장의 전화 수화기가 제대로 놓여 있지 않음을 발견하고, 범인이 밖에서 전화를 걸었으리라고 추측한다.

콜롬보는 일단 개를 경찰서로 압송하고, 정보를 얻기 위해 개 훈련소를 방문한다. 미모의 여성조련사는 잘 훈련된 셰퍼드에게 콜롬보를 가리키며 명령을 내린다.

"죽엿(Kill)-!"

커다란 셰퍼드가 달려들자 콜롬보의 얼굴이 하얗게 질린다. 그런데 뜻밖에도 개는 콜롬보의 얼굴을 핥을 뿐이다.

조련사가 다시 명령을 내린다. 이번에는 개 목줄을 단단히 잡고서.

"키스(Kiss)-!"

극히 우호적인 단어였음에도 셰퍼드는 날카로운 이를 번득이며 노골적인 적의를 드러낸다.

어리둥절한 표정의 콜롬보에게 조련사가 설명한다.

"호신견에게는 저마다 명령어가 있어요. 방금 보셨듯이 이 셰퍼드의 명령어는 '키스-!'죠. 뭐랄까? 컴퓨터나 신용카드의 비밀번호라고 할 수도 있는데, 의미와는 상관없이 그 단어에 반응하도록 훈련시키는 것이죠."

뜻밖의 사실을 알아낸 콜롬보는 특유의 끈질김으로 수사를 계속하여 범인을 밝혀내고, 늘 그렇듯 범인을 궁지에 몰아넣는 악취미를 즐긴다. 막다른 곳에 몰린 범인은 최후의 발악으로 도베르만에게 명령을 내린다.

"로즈 버드-!"

콜롬보에게 무섭게 달려드는 도베르만. 하지만 도베르만은 그의 얼굴을 열심히 핥고 있지 않은가?

어느새 콜롬보는 도베르만의 공격 명령어를 바꿔 놓았던 것이다.

― 사족(蛇足): 콜롬보는 가끔씩 몸통은 길고 다리는 짧아 우스꽝스러운 모습을 한 닥스훈트(Dachshund)를 데리고 다니는데, 극중 개의 이름은 '개(Dog)'이다.

두마를 훈련시키다가 정말 배꼽을 움켜잡고 뒹굴 정도로 웃은 적이 있다.

두 달 정도 되었을 때, 두마는 사료를 주면 순식간에 먹어 치우는 '진공청소기'였다. 하긴 본능적으로 무조건 먹을 때였으니 당연했다.

나는 그 같은 식탐(食貪)을 이용해 훈련을 빙자한 놀이를 생각해냈다. 사료 그릇 앞에 있는 막대를 뛰어넘도록 하는 것이었다.

"두마-! 밥 먹어."

사료 냄새를 맡은 두마는 쏜살같이 달려왔다. 그리고 허들 선수처럼 내가 들고 있는 지상 10㎝ 정도 높이의 막대를 멋지게 뛰어넘더니 사료 그릇에 달려들었다.

"잘했어. 한 번 더!"

녀석을 번쩍 들어 원위치시킨 다음, 이번에는 막대를 조금 더 높이 들고 다시 불렀다.

"두마-!"

빠르게 달려온 녀석은 이번에도 막대를 가볍게 뛰어넘었다.

나는 점점 신이 났다. 먹이를 눈앞에 두고 먹지 못하는 두마는 짜증이 났겠지만.

연이은 성공에 힘입어 막대를 조금 더 높였다. 아마 20㎝ 정도 되는 것 같았다.

"두마, 밥-!"

두마가 달려왔고, 나는 녀석이 멋지게 막대를 뛰어넘을 것을 기대하고 있었다. 그런데 이게 웬일? 녀석은 막대 밑으로 휙! 빠져나가더니 사료 그릇에 코를 처박았다. 뛰어넘기에는 막대가 너무 높았던 것이다.

나는 간신히 웃음을 멈추고 한 마디 해줬다.

"하긴 그게 편하지? 맞아, 너는 자율적인 개야. 사람이건 개건 모름지기 생각할 줄 알아야지."

Dumas' View

지금이야 편한 생활을 하고 있지만, 어렸을 때 나는 무척이나 엄한 교육을 받았다. 모름지기 선비 가문의 개다워야 한다나?

가장 먼저 받은 훈련이 지정된 장소에서 볼일을 보는 것이었다. 만약 다른 데서 일을 보면 눈물이 찔끔 날 정도로 혼이 났다. 그런데 지정된 장소라는 게 처음에는 신문지였다가 나중에는 화장실로 바뀌었다. 타일이 깔린 화장실은 바닥이 미끄러워 자세 잡기가 힘들다. 볼일은 흙에서 보아야 시원한 법인데.

두 번째 훈련은 음식을 앞에 두고 참는 것이었다. 배변 훈련이 육체적인 고통이었다면, 입안에 침이 고이는데도 참아야 하는 것은 정신적인 고통까지 수반한 것이었다. 만약 허락 없이 입을 댔다가는 여지없이 혼이 났다.

그래도 아빠는 사정을 많이 봐주는 편이다. 사료를 주고 대개는 30초 ~1분 정도 기다리게 했다가 먹으라고 하니까.

한 번은 아빠가 사료를 그릇에 담아 주고 '기다려!'라고 하고서는 방에 들어갔는데, 전화를 하는지 통 나올 생각을 하지 않는다. 평소처럼 기다렸지만, 먹으라는 허락이 내리지 않으니… 아마도 내 생애에 그렇게 음식을 앞에 두고 오래 기다린 적은 없었던 듯싶다. 그나마 군기가 바짝 들었을 때였기에 망정이지, 아니었다면 그냥 먹었을 것이다. 물론 그랬더라면 엄청나게 혼났을 것은 분명하지만.

여하튼 그 날은 자존심이 상해서 밥의 유혹을 물리치고 베란다에 나가 서러움에 목 놓아 울었다.

그밖에도 내가 받은 훈련은 '손!'을 비롯하여 '앉아', '엎드려!', '일어서'

등 비교적 간단한 것이었다. 나는 머리가 나쁜 편이 아니다. 세계 견종 IQ 비교표에 의하면 45위라니 말이다. 여담이지만 진돗개는 측정불가로 나와 있는데, 머리가 나쁜 것이 아니라 아직 공식적으로 인정받지 못한 때문이다.

하지만 이미 할 줄 아는데도 자꾸 똑같은 걸 시키면 짜증이 난다. 더구나 아빠도 아닌 사람이 시키면 정말 열 받는다.

아빠는 가끔 뜻 모를 소리를 한다. '손!'대신 'Hand!'라고 하거나 '엎드려!'를 '엎어!' 또는 '뒤비져!'라고 하는 것이다.

"표준말을 쓰자고요. 표준말을."

Tip

브리티시 콜롬비아 대학의 스탠리 코렌(Stanley Coren) 박사는 개의 지능을 다음과 같이 3가지 타입으로 구분했다. 첫째, 학습이나 문제 해결 능력처럼 '교육으로 발달한 지능'. 둘째, '본능적인 지능'. 셋째, '일과 복종 지능'.

일과 복종 지능 위주로 1위부터 10위까지는 다음과 같다.

1. 보더콜리(Bordercollie)

2. 푸들(Poodle)

3. 저먼 셰퍼드(German Shepherd)

4. 골든 레트리버(Golden Retriever)

5. 도베르만핀셔(Dobermannpinscher)

6. 셔틀랜드 쉽독(Shetland Sheepdog)

7. 래브라도 레트리버(Labrador Retriever)

8. 빠삐용(Papillon)

9. 롯트와일러(Rottweiler)

10. 오스트랄리언 캐틀독(Australian Cattle Dog)

-
-
-

45. 시베리안 허스키(Siberian Husky)

1등과 100등의 IQ 차이가 5 미만이라니, 도긴개긴, 도토리 키 재기, 그 나물에 그 밥, 피장파장, 오십보백보, 대동소이, 피차일반ᅴ!

Chapter.3

친고의 메신저

"삭막한 도시생활에서 애견은 이웃과 맺어주는
교량 역할을 하기도 한다."

6개월이 지나 거의 성견이 된 두마는 진돗개보다는 크고 셰퍼드보다는 약간 작은 28㎏의 당당한 체격을 지니게 되었다. 참고로 소형견은 체중계에 놓고 몸무게를 잴 수 있지만, 중형견 이상은 곤란하다. 이때는 주인이 개를 안고 체중계에 올라서서 눈금을 확인하고, 자신의 체중을 빼면 된다.

한없이 착해 보이는 갈색 눈. 지나치게 뾰족하지 않으면서 각진 턱의 반듯한 얼굴. 두마는 사람으로 치면 보기 드문 미남이었고, 우아한 은회색 털은 한결 품위를 더해 주었다. 풍성하고 탐스런 꼬리를 곧추세우고 걸을 때는 위풍당당했고, 바람을 가르는 듯 힘차게 달릴 때면 용맹스럽고 날렵하기 그지없었다. 제 눈에 안경인 법인지.

두마는 내게 개와 함께 하는 즐거움 외에 사람과의 교류도 갖게 해주었다. 나는 서울 토박이라 이웃과 알고 지내기는커녕 옆집에 누가 사는지조차도 모를 때가 많았다. 그런데 두마와 산책을 하면서 이런저런 동네 사람들과 안면을 트게 되었다.

동네 슈퍼 아저씨, 비디오 가게의 곱슬머리 총각, 미용실의 미스 김, 당구장의 아르바이트 학생 심지어 손님들이 남긴 갈비뼈를 챙겨 주는 넉넉한 인심의 식당 아줌마에 이르기까지. 두루두루 안면을 익히게 된 것은 순전히 두마 덕분이었다.

하긴 반듯한 용모에 날렵한 체격 그리고 붙임성까지 있는 개를 누가 예뻐하지 않을 수 있을까? 동네 사람들은 언제부터인지 나를 '두마 아빠'라고 부르기 시작했다.

두마를 기르기 시작한 지 한 해 정도가 지났을 즈음, 예방 접종을 하기 위해 동물병원을 찾았다.

"광견병 예방 접종하려고 왔습니다."

"저런-! 이틀만 일찍 오시지. 접종기간이 끝났거든요."

수의사가 약간 낭패스런 표정을 지었다.

"접종기간이 끝나면 주사를 맞지 못하나요?"

"아뇨, 그게 아니라 비싸지요. 접종기간에는 이천 원인데, 기간이 지나면 이만 원이 되니까요. 보건소에서 준 약이 아니라서 말예요."

"……."

할 말을 잃은 내게 수의사가 눈을 찡긋하며 말했다.

"염려마세요. 마침 남은 약이 있으니 접종기간 가격으로 해드리죠."

"고맙습니다. 다음부터는 꼭 접종기간 중에 오도록 할게요."

그런데 주사를 놓는 이는 원장이 아닌 다른 사람이었다. 흰 가운을 입고 있었지만 나이가 다소 어려 보이는 것이 아마도 후배인 듯했다.

"제 후뱁니다. 작년에 졸업했죠."

원장의 말에 의하면, 수의과는 일반 의대와 달리 치과에서 산부인과까지 이르는 모든 분야를 배우면서도 레지던트 과정이 없기 때문에, 학교를 졸업하면 대개 개업한 선배 밑에서 어느 정도 경험을 쌓은 뒤에 자신의 병원을 개업하거나 다른 병원에서 정식 의사로 근무한다고 한다.

"김경운입니다."

젊은 청년이 꾸벅 인사를 했다.

"두마 아빠예요. 잘 부탁합니다."

어쨌거나 앞으로 잘 보여야 될 사람이기에 차를 마시며 이런저런 이야기를 나누었다. 그는 광주 태생으로 J대 수의학과를 졸업했으며, 앞으로 서울에서 생활을 하기 위해 기거할 곳을 찾는다는 말을 들었다.

"어때요? 내가 사는 집에 방 하나가 비어 있는데… 수의사니까 개도 싫어하지 않을 것이고, 나하고는 생활 시간대가 다르니까 크게 부딪힐 일도 없을 테고……."

"정말입니까? 그렇지 않아도 방을 구하지 못해서 쩔쩔 매고 있었거든요."

"시간 나면 집에 한 번 와 봐요."

이틀 뒤에 찾아온 경운은, 약간 좁기는 해도 전망 좋은 옥탑방과 넓은 베란다를 보곤 무척 흡족해 했다. 이미 얼굴을 익힌 처지인데다가 나도 나름대로의 계산이 있어 비교적 싼 월세를 받기로 했다.

많지는 않아도 월세가 공과금 정도는 해결해 줄 것이며, 장기간 집을 비울 때도 안심하고 두마를 맡길 수 있으니 일석이조 아닌가?

하지만 가장 이익을 본 것은 두마였다. 전속주치의까지 거느린 초호화 생활견이 되었으니까.

Dumas' View

집에 새로운 식구가 한 명 늘었다. 아빠와 가끔 가는 싸한 냄새가 강한 곳-병원-에서 근무한다는데, 지난번에 내 목에 침을 찔러 아프게 했던 사람이다.

사람은 가려 사귀어야 한다는데, 왜 아빠는 나를 아프게 했던 사람을 식구로 맞았을까? 차라리 내 친구를 맞아들이면 좋았을 것을.

내 불만스런 표정을 읽었는지 아빠가 말했다.

"두마야! 너도 알지. 의사 선생님이셔. 네 전속주치의이기도 하지."

의사라는 말은 대충 알겠는데, 전속이라는 말은 무얼까? 가만 있자, 전속(專屬)이면 내게 속한다는 것 아냐. 그럼 내 부하로구나. 그렇다면 눈감아 줄 수도 있지. 히히! 신난다.

Tip ::

1. 개는 인간과 가장 친한 동물이지만, 우리나라에서 '개'라는 단어는 무척이나 홀대를 받는 듯하다. '개살구', '개차반', '개잡종', '개망신' 등등. 게다가 '개 같은', '개만도 못한'. '개보다 더한' 같은 표현을 사용하여 못된 사람을 개와 비교하기도 한다.

하지만 요즘에는 확 달라졌다. 긍정정인 표현에도 '개'라는 접두어를 붙인다. '개

시원', '개이득', '개재미'처럼.

2. 우리 민요 중에는 경상남도 통영 지방에서 전래된 '개타령'이 있다.

개야 개야 검둥개야. 개야 개야 검둥개야. 가랑잎만 달싹 해도 짖는 개야. 청사 초롱 불 밝혀라. 우리 임이 오시거든 개야 개야 검둥개야. 개야 개야 검둥개야, 짖지를 마라. 멍멍 멍멍 짖지를 마라.

개야 개야 복술개야. 개야 개야 복술야. 달그림자만 비치어도 짖는 개야. 밤중에 야밤중에 우리 임이 오시거든 개야 개야 복술개야. 개야 개야, 복술개야. 짖지를 마라. 멍멍 멍멍 짖지를 마라

개야 개야 노랑개야. 개야 개야 노랑개야. 울타리만 버석 해도 짖는 개야. 남의 눈에 띄지 않게 슬금 살짝 오신 님을 개야 개야 노랑개야. 개야 개야 노랑개야, 짖지를 마라. 멍멍 멍멍 짖지를 마라.

개야 개야 바둑개야. 개야 개야 바둑개야. 발그림만 슬쩍 해도 짖는 개야.. 고대 턴 님 오신 것을 마구 짖어 쫓일새라. 개야 개야 바둑개야. 개야 개야 바둑개야, 짖지를 마라. 멍멍 멍멍 짖지를 마라.

개야 개야 얼룩개야. 개야 개야 얼룩개야. 사람보고 달려들어 짖는 개야. 초당 안에 잠든 님을 만나 보려 내왔노라. 개야 개야 얼룩개야. 개야 개야 얼룩개야, 짖지를 마라. 멍멍 멍멍 짖지를 마라.

Chapter.4

8월의 크리스마스

"시베리안 허스키가 있는 동네에는 한여름에도
눈발이 날리므로 「8월의 크리스마스」를 즐길 수 있다.
눈의 정체는 다름 아닌 개털-!"

대한민국에서 태어나긴 했지만 뿌리는 추운 지방인 시베리아이기 때문일까? 두마는 여름철이면 축 늘어져 있다가, 겨울이 되면 생기가 돌았다. 털도 무성하고 땀구멍이라고는 혀에만 있으니 오죽 더울까? 그래서 시베리안 허스키는 일사병에 잘 걸린다고 한다.

여름에 축 늘어져 있는 녀석을 보다 못해 동물병원으로 데려가 털을 깎아 주려 했다.

"이 개는 털을 깎는 품종이 아니에요. 만약 털을 깎고 나면 너무 볼품이 없을 거예요."

노련한 애견미용사가 충고를 했다.

"맞아요! 어차피 여기서 살 건데 적응시켜야죠."

미용사는 미적인 관점에서, 수의사는 장기적인 안목에서 털을 깎지 말라고 충고했다. 그 말도 맞겠다 싶어 배 부분의 털만 조금 깎아 주고 돌아왔다.

어느 날, 함께 산책을 하고 돌아왔는데, 녀석이 힘든지 혀를 길게 빼고 가쁜 숨을 쉬었다. 개의 혀가 그토록 길 줄이야. 정말 깜짝 놀랐다. 대략 20cm 정도 되었으리라.

그렇게 힘든(?) 여름을 보내고, 겨울이 되자 녀석은 제철을 만났다는 듯 생기를 되찾았다. 한참 산책을 하고 돌아와도 찬바람이 쌩쌩 부는 베란다에서 씩씩하게 뛰어 논다.

하지만 녀석은 밤이 되면 집안으로 들어온다. 추워서가 아니라 어려서부터 데리고 잔 습관 때문이기도 하고, 사람을 좋아하는 성격 때문이기도 하다.

성견이 되어서도 두마는 늘 내 옆에서 잤다. 물론 뜨거운 온돌을 견디지 못해 잠시 후면 거실로 나갔다가 다시 들어오곤 했지만.

여름이면 그런 대로 견디겠으나 겨울에는 곤란한 점이 많았다. 문을 열어 두면 찬바람이 들어오고, 문을 닫으면 녀석이 들어오지 못해 낑낑거렸다. 다행히도 내 방에는 작은 쪽방이 딸려 있었다. 그래서 나는 주생활공간이던 큰 방을 포기하고 쪽방으로 잠자리를 옮겼다. 쪽방은 ㄱ 자로 꺾인 안쪽에 있으니 큰 방의 문을 열어 두어도 바람이 덜 느껴졌다.

두마는 내가 자리를 깔면 자기가 먼저 턱 하니 앉았다가 10분 정도가 지나면 밖으로 나가 보일러도 들어오지 않는 거실 구석이나 신발장 옆에 엎드려 있곤 했다. 체질상 더운 데 오래 있지 못하기 때문이다.

밤에 자다가 이불을 끌어당겨 덮으려 해도 가끔 당겨지지 않을 경우가 많았다. 어느 틈엔가 녀석이 방에 들어와 내 발치의 이불 위에서 자고 있는 때문이었다. 짜증을 내며 발길질을 하면 두마는 불만스럽다는 듯 어기적거리며 일어나 방을 나갔다. 녀석의 투덜대는 소리가 귓가에 들리는 것 같았다.

함께 자면 이렇듯 불편하면서도 우리의 정은 깊어만 갔다. 하지만 문제는 녀석의 털이었다. 아무리 청소를 해도 눈송이처럼 내려앉는 두마의 털은 정말 메마르지 않는 샘물과도 같았다.

털 이야기가 나왔으니까 말이지. 개와 함께 살려면 무차별적인 털 공격은 감수해야 한다. 드물게 털이 잘 빠지지 않는 종도 있지만, 장모종이건 단모종이건 개는 거의가 털이 많이 빠진다. 털갈이 기간에는 두말할 것도 없고.

시베리안 허스키는 혹독한 추위에도 견딜 수 있도록 이중모이다. 겉에는 다소 뻣뻣한 털이 나 있지만, 속에는 마치 양모처럼 부드러운 털이 나 있다. 그런 만큼 온대 기후인 우리나라에서는 늘 더위를 느낄 수밖에 없으므로, 1년 내내 털갈이를 한다고 해도 과언이 아니다.

천부적인 이중모를 가진 두마는 마치 무술의 고수가 암기를 사용하듯 소리도 없이 강유(剛柔)의 공세를 한 번에 펼친다. 뻣뻣한 털은 양말이나 스웨터 등에 바늘처럼 박히고, 부드러운 속털은 옷 안감까지 달라붙는다.

그래서 집에는 늘 박스 테이프를 몇 개씩 준비해 둔다. 내가 외출할 때는 물론이고, 집을 방문했던 손님들이 돌아갈 때도 반드시 테이프를 사용한 털 제거 의식을 행해야 하는 때문이다.

겨울이 되어 선배와 함께 며칠 동안 일본 여행을 가기로 했는데, 식구가 없다 보니 무엇보다 두마가 문제였다. 물론 하숙생인 수의사가 있긴 했지만, 아무래도 나처럼 보살피긴 힘들 것이었다.

마침 우리 집에서 그리 멀리 떨어지지 않은 곳에 위치한 회사에 다니는 후배가 있기에 틈틈이 들러 두마를 돌봐 달라고 부탁했다.

가장 큰 문제가 해결되자 비로소 마음이 가벼워져 가방을 꾸리기 시작했다. 여행은 오히려 떠나기 전 준비하는 과정이 즐거운 것이라고 하지 않는가. 콧노래를 부르며 각종 일용품을 챙기고 나서 옷을 고르기 시작했다.

외국에서는 아무래도 세탁이 힘들 것이기에 가능한 한 검은 색 계통의 옷을 입고 가려 생각했는데, 막상 옷장에서 꺼내 펼쳐 보니 어느 틈엔가 두마의 털에 잠식되어 있음을 알 수 있었다. 겨울 양복이라 모직이니 털은 더더욱 잘 붙을 수밖에 없었고, 게다가 검은 색 계통이니 여간 눈에 잘 띄는 것이 아니었다.

밤을 새우다시피 하며 털을 제거한 옷을 가방에 챙기고, 여행 당일에 입고 갈 옷은 옷장에 걸어둔 뒤, 방에 두마의 출입을 일체 금지시켰다. 그리고도 안심이 되지 않아 박스 테이프도 하나 챙겨 가방에 넣어 두었다.

이튿날 아침, 혹시 털이 붙을세라 두마의 접근을 최대한 막느라 작별 인사도 제대로 하지 못하고 집을 나섰다. 하지만 집을 나선 후 다시 한 번 두마의 깊은 내공에 경악할 수밖에 없었다.

인공조명이 아무리 밝더라도 자연적인 태양광만은 못한 법. 집에서 그토록 털을 제거했건만 햇빛 속에서 보니 두마의 털이 늦가을의 서리처럼 옷에 하얗게 내려앉아 있었다. 나는 길에서 가방을 열고 박스 테이프를 꺼내 다시 털을 떼어내야만 했다.

악몽은 끝나지 않고 계속되었다. 일본에 도착해서 호텔에 여장을 풀고 다시 옷을 갈아입으려 하자 두마의 털이 다시 나타난 것이다. 거의 모든 옷에, 그것도 겉만이 아니라 속에까지 그리고 다른 일용품마저도 녀석의 털에 중독되어 있었다. 나는 박스 테이프를 챙긴 스스로의 선견지명에 감사했다.

정말 두마의 털은 무섭도록 빠진다. 털갈이할 때는 「무서운 영화(Scary Movie/ 감독 키난 아이보리 웨인즈/ 출연 숀 웨인즈, 말론 웨인즈/ 2000)」이고, 목욕 후에는 완전히 「스크림(Scream/ 감독 웨스 크레이븐/ 주연 니브 캠벨, 스키트 울리치/ 1996)」이다.

베란다에서 빗질을 하노라면 하얀 털이 마치 눈송이처럼 날리기 때문에 우리 동네에서는 사시사철 「8월의 크리스마스(감독 허진호/ 출연 한석규, 심은하/ 1998)」를 즐길 수 있다. 아무래도 공포영화보다는 멜로물이 나으니까.

대개 하루에 한 번, 많을 경우에는 서너 차례 빗질을 해도 털은 끊임없이 빠진다. 아마도 그동안 빠진 털을 모으면 이불 한 채는 넉넉히 만들 수 있을 것 같다. 하지만 오리털 이불은 있어도 개털 이불이란 말을 듣지 못했으니 안타까울 뿐이다.

두마의 털이 그토록 왕성하게 자랄 수 있는 비밀은 과연 무엇일까? 추운 날씨에 적응한 유전적 성향일까? 그렇다면 추운 지방에는 사람도 대머리가 적어야 할 텐데.

Dumas' View

헥헥-! 정말이지, 대한민국은 너무 덥다. 견딜 수 없을 만큼 더우니까 체온 조절을 위해 몸이 반응을 한다. 털이 저절로 빠지는 것이다. 그런 만큼 나의 분신인 털들은 집안 구석구석에 퍼져 있다.

가끔씩 아빠는 투덜대며 주둥이는 길고, 몸체는 둥근 녀석을 끌고 집안 곳곳을 돌아다닌다. 그 녀석은 '위잉-!'하는 시끄러운 울음소리를 내는데, 거머리처럼 흡입력이 무척 세다. 너무 시끄럽게 울어대기에 조용히 시키려고 다가갔다가 코를 물려서 기겁을 했다.

그 녀석의 이름은 '진공청소기'라고 했는데, 집안에서 경계대상 제1호다. 평소에는 조용하지만 성질나면 여지없이 물어대니까.

무슨 일이 있는지 아빠가 정장을 하고 외출하는데 나는 작별인사도 하지 못했다. 절대 가까이 오지 못하게 하는 때문이다. 털이 묻는다나 어쩐다나?

"털이 빠지고 싶어서 빠지나요? 내가 털 뽑는 것 봤어요? 체질이 그런 걸 어쩌라고요?"

비록 가보지는 못했지만 내 몸속을 흐르는 피는 부모의 고향 시베리아를 원하고 있다.

개와 관련된 우리나라 속담 I

1. 개 꼬리 삼 년 두어도 황모(黃毛) 못 된다.

2. 개똥밭에 이슬 내릴 때가 있다.

3. 공부하랬더니 개잡이를 배웠다.

4. 나 먹자니 싫고, 개 주자니 아깝다.

5. 성균관 개가 맹자왈(孟子曰) 한다.

6. 매달린 개가 누워 있는 개를 웃는다.

7. 늙은 개는 공연히 짖지 않는다.

8. 개 밥에 도토리

9. 개같이 벌어서 정승같이 쓴다.

10. 하룻강아지 범 무서운 줄 모른다

Chapter.5

세상에 이런 일이...

"아울~! '허스키'란 이름이 괜히 붙은 게 아냐.
우리 종족은 빼어난 가수거든."

두마를 키우면서 나는 개에 대해 품고 있던 생각을 많이 바꾸게 되었다. 내가 키운다기보다는 '함께 지낸다'는 표현이 적합하긴 했지만, 어느 모로 보나 두마는 묘한 구석이 많은 녀석이었다.

두마는 개지만 물갈퀴가 있다. 마치 오리처럼 말이다. 아마도 눈을 헤치며 잘 달릴 수 있도록 환경에 적응한 것이리라. 하지만 개가 물갈퀴가 있다니?

혹시 고대문명의 미스터리 가운데 하나인 전설의 아틀란티스 대륙에서 온 것이 아닐까? 마블 코믹 원작으로, 1970년대 말에 방영된 「아틀란티스에서 온 사나이(The Man from Atlantis/감독 에드워드 M. 애브롬즈, 레자 바디이/ 출연 패트릭 더피/ 1977)」라는 미국 드라마가 있었다. 아틀란티스의 후예인 주인공이 바다에서 일어나는 온갖 기괴한 사건을 해결하는 내용이었다. 주인공은 수중왕국 출신답게 손가락 사이에 물갈퀴가 있어서 물고기처럼 헤엄칠 수 있었다.

마블 만화 「아틀란티스에서 온 사나이」〈사진 위키백과〉

하지만 무엇보다 두마가 뛰어난 재능을 나타내는 분야는 음악이다. 괜스레 허스키라는 이름이 붙은 게 아니다.

이사 온 지 얼마 되지 않았을 때, 짐을 정리하다가 우연히 하모니카를 찾아냈다. 나는 늘어지게 낮잠을 자고 있는 두마를 놀래 주려고 가까이다가가 힘차게 하모니카를 불었다. 생전 처음 듣는 요란한 소리에 자다가 눈을 뜬 두마는 귀를 쫑긋거리며 고개를 갸웃하더니 벌떡 일어서서는 목을 길게 빼고 울어대기 시작했다.

"아우˜ ♪ 우우우우˜ ♬ 아울˜ ♩."

늑대개와 가장 비슷한 시베리안 허스키는 보통 개처럼 '멍멍-!'하고 짖지 않고 늑대처럼 '아우˜!'하고 높고 길게 우는 것이 특징이다. 그래서인지 평소에는 온 동네 개가 다 짖어도 별다른 관심을 보이지 않던 녀석인데, 하모니카 소리에는 다른 반응을 보였다. 그렇다, 두마는 짖은 것이 아니라 노래를 한 것이었다.

개과 동물이 동료를 부를 때 길게 울부짖는 것을 하울링(Howling)이라고 하는데, 때로는 자신과 비슷한 음역대의 소리에 본능적으로 반응하기도 한다.

두마의 숨은 재능을 발견한 며칠 후, 인터넷 사이트를 검색하다가 재미있는 사실을 알게 되었다. 미국의 어느 회사에서 동물이 부른 크리스마스 캐럴 음반을 냈다는 것이다. 아무리 세상이 넓고 희한한 일이 많이 생긴다지만, 동물이 그것도 새도 아닌 개와 고양이가 캐럴을 불렀다고?

각 동물의 울음소리는 다양하지는 않아도 나름대로의 음계를 가지고 있다. 예를 들면, 어떤 개는 높은 솔, 다른 개는 낮은 도 같은 식이다. 그러므로 수많은 동물의 울음소리를 녹음해 두고, 원하는 높이에 해당하는 음을 하나씩 잘라 음계에 맞도록 편집하면 노래를 만들 수 있다. 다만 음역대가 크게 차이나지 않는 곡이어야 한다.

이런 식으로 제작된 개와 고양이가 캐럴을 부르는 동영상을 보고서, 나는 확실히 두마가 노래를 한다는 것을 알았고, 더구나 뉴스에서 잠깐씩 다루는 '해외 토픽' 같은 프로그램을 통해 미국 소도시에서 열린 '개 노래 자랑 대회'를 보고 확신을 가졌다.

노래를 잘한다는 것은 소리에 민감하다는 것인데, 두마는 하모니카 소리를 비롯하여 전자시계 알람 소리, 휴대폰 벨소리, 휘파람, 사이렌 등 높고 날카로운 소리에 반응을 보였다. 반면에 피아노나 기타 또는 오디오에서 흘러나오는 음악에는 관심을 보이지 않았다.

두마는 정말 훌륭한 가수였다. 다른 개에 비해 음역대가 넓고, 장단을 알았으며, 태도가 진지했고, 무엇보다 필링이 있었다. 그 후로 나는 종종 하모니카를 연주하여 두마에게 노래를 시켰고, 녀석에게는 '포크'나 '발라드'보다 '뽕짝'이 어울린다는 사실도 알게 되었다.

두마의 색다른 특기를 발견한 나는 집을 찾아온 친구나 후배들에 자랑을 했다.

"두마가 노래를 한다고요?"

"그럼~."

"에이~ 개가 무슨 노래를 해요?"

"정말이라니까."

내가 하모니카를 꺼내들자 벌떡 일어선 두마의 눈은 기대감으로 빛나는 듯했다. 그리고 첫 음이 흘러나오자 목을 길게 빼며 시베리안 허스키라는 이름에 어울리는 매력적인 저음으로 노래를 부르기 시작했다.

"아우~ ♪ 우우우우~ ♩ 아울~ ♬ 아르르르르르르-!"

모두가 이 같은 모습을 보고 배를 잡고 굴렀다. 곧 팬클럽이 결성되었고, 두마에게는 많은 삼촌과 이모가 생겼다.

Dumas' View

나는 노래를 즐긴다. 자연과 동화되어 풍류를 즐기던 종족의 후예인 만큼 타고난 음악성과 함께 테너와 바리톤을 함께 소화해낼 정도로 폭넓은 음역도 가진 터라 노래 부르기를 좋아한다.

그렇지만 주위의 친구들 가운데는 예상 밖으로 음치가 많다. 어떻게 똑같은 성대를 가지고도 그런 소리밖에 내지 못한단 말인가. 참으로 한심하다. 하긴 예술성이란 배운다고 되는 것은 아니다. 나처럼 타고나야지.

나는 여러 가지 소리를 좋아하지만 특히 아빠가 묘한 소리를 내는 쇠막대를 불 때면 흥이 절로 난다.

많은 노래를 불러본 결과, 다소 느린 템포에 구슬픈 느낌이 드는 곡을 가장 좋아하게 되었는데, 아빠는 그걸 '뽕짝'이라고 했다.

내가 노래를 부르면 사람들은 모두 즐거워했지만, 아빠는 가끔 한마디를 했다.

"두마! 네가 가사만 제대로 알면 얼마나 좋겠냐?"

가사? 제대로 알고 있는데, 왜 그러지? 내가 부르는 「사랑의 미로」를 들어 보시라.

"아우우 ~ ♭ 우우우우우! 아울 ~ ♪ 아르르르 ~ 아우르르 ♬ 우우우우우! 아르르르 아 ~ 울! 워워워워워 ~ ♪ 아워워워워 아우우워우워 ~ ♩ 아르르르르 아르르 워워워 ~ ♬ 워워워-!"

개와 관련된 우리나라 속담 II

1. 닭 쫓던 개 지붕 쳐다본다.

2. 도둑을 맞으려면 개도 안 짖는다.

3. 복날 개 패듯 한다.

4. 개도 먹을 때는 안 때린다.

5. 개 팔자가 상팔자.

6. 개똥도 약에 쓰려면 없다.

7. 개도 닷새가 되면 주인을 안다.

8. 똥 묻은 개가 겨 묻은 개 나무란다.

9. 개 발에 편자

10. 산 개가 죽은 정승보다 낫다.

안나여, 저것이 코츠뷰우의 불빛이다!

"탐험이란 그야말로 사서 고생하는 것 같지만…
인류 역사의 위대한 족적이다!"

예전에는 어려웠지만 근래에는 대형견을 심심찮게 볼 수 있다. 시베리안 허스키도 꽤나 자주 만날 수 있다. 일종의 유행이겠지만, 많은 사람들이 시베리안 허스키를 선호하게 된 것은 일본 작가 사사키 노리코(佐佐木典子)의 만화 「동물의사 Dr. 스크루」의 영향도 무시하지 못할 것이다. 만화에는 '초비'라는 이름의 암컷 시베리안 허스키가 등장한다.

마치 월트 디즈니사가 제작한 「101마리의 달마시안(101 Dalmatians/ 감독 스테픈 헤렉/ 출연 글렌 클로즈, 제프 다니엘스 외/ 1996)」이 상영되고 나서 너도나도 달마시안을 기르기 시작한 것처럼 말이다.

달마시안은 외모는 멋지지만 애완견으로는 적합하지 않다고 한다. 사람의 말을 잘 듣지 않고 성질이 사나워서 물기도 하며, 털도 많이 빠져서 잠시 키우다가 유기하는 경우가 많다고 한다. 1996년에 영화 「101마리 달마시안」이 발표된 뒤 수요가 급증했으나, 얼마 지나지 않아 길거리에 버려진 달마시안이 25%나 증가했다는 뉴스가 있다.

마치 달마시안을 깎아내리고 시베리안 허스키를 추켜세우자는 말 같지만 '순간의 선택이 10년을 좌우한다!'는 오랜 광고 카피처럼 애완견 역시 선택이 중요함을 시사(示唆)하는 이야기일 것이다. 하기야 서로 정만 붙인다면 견종이 무슨 상관이 있겠는가?

시베리안 허스키는 시베리아, 캐나다 북쪽 그리고 알래스카 등 눈이 많이 내리는 지역에서 가장 유효한 교통수단인 썰매를 끄는 사역견이다. 가슴이 넓고, 목이 튼튼하며, 다리 힘이 세다. 단단하면서도 탄력 있는 발바닥은 말발굽조차도 찢어지는 험한 바위나 유리처럼 날카로운 얼음 위를 아무렇지도 않게 달릴 수 있다.

털은 이중모로, 굵고 거친 겉털 밑에 기름진 속털이 5~7.5㎝ 나 있다. 이들이 시베리안 허스키를 영하 45도의 혹한으로부터 지켜 주는 것이다.

시베리안 허스키는 체고(體高) 40~60㎝, 몸길이 110㎝, 몸무게 27~45㎏으로 결코 큰 편은 아니다. 그러나 개 가운데 아마도 가장 늦게 늑대로부터 갈라져 나온 때문으로 여겨지는 억센 기질로 인해 어려움 속에서도 잘 버텨낸다. 이들은 늑대와 맞서도 절대 지지 않으며 또한 굶어 죽을지언정 늑대 고기는 먹지 않는다고 한다.

시베리안 허스키를 보통 '늑대개'라고도 하지만, 실제로 늑대개란 늑대와 개-주로 시베리안 허스키-사이에서 태어난 종을 가리키는 말이라고 한다. 소위 넘지 말아야 할 선을 넘어서 태어난 불륜의 소산인데, 늑대나 개 무리 어느 쪽에서도 받아 주질 않아 살아남기 힘들다고 한다.

만약 고비를 넘기고 성장한다면 영화 「늑대개(White Fang/ 감독 랜덜 클레이서/ 주연 클라우스 마리아 브랜다우어, 에단 호크/ 1991)」처럼 주인한테는 개처럼 충성스럽고, 적에게는 늑대처럼 용맹한 종이 될 것이다. 하지만 만약 그 반대라면? 생각만 해도 오싹 소름이 돋는다.

시베리안 허스키는 피츠종에 속하는 견종으로 북극점을 중심으로 한 고위도 지방에 주로 살았으며, 원산지는 시베리아이다. 흔히 말하는 에스키모견의 일종으로, 알래스칸 말라뮤트(Alaskan Malamute)와 사모예드(Samoyed)와는 근친 관계라고 할 수 있다.

시베리아 북동부의 코리마 강 유역을 중심으로 한 지방에 살던 튜크티 족이 사육했으므로 '시베리안 튜티스'라고도 불렸고, 짖는 소리가 목이 쉰 듯하여 '시베리안 허스키'라고도 명명되었다고 하지만, 에스키모를 줄여 부르는 '에스키(Esky)'에서 파생된 말로 '에스키모의 썰매를 끄는 개'라는 의미를 가진다고도 한다.

동부 시베리아에서 유목 생활을 하던 이뉴잇인 가운데 하나인 척치(Chukchi)족에 의해 개량되어 썰매나 보트를 끌고 순록을 이끌며 번견(番犬)으로 이용되기도 했던 시베리안 허스키는, 1908년 가을에 알래스카를 통해 북미에 처음 유입되었다. 다른 견종들이 어느 정도 혈통고정이 이루어진 후에 공식적인 루트를 통해 소개된 것과는 무척 차이가 나는 일이었다.

시베리안 허스키는 대개 12～15마리가 한 팀을 이루어 썰매를 끄는데, 엄청나게 무거운 썰매를 끌고 시속 12km로 얼음 위를 달려 하루 40～50km 정도를 갈 수 있다. 그린란드에서는 개들을 한 줄로 매지만, 북아메리카 지역에서는 한 마리씩 물개가죽으로 만든 질긴 끈으로 묶어 부채꼴 모양을 이루어 썰매를 끌도록 한다.

썰매를 끌 때 무엇보다 중요한 것은 협동심으로 모두가 하나가 되어 발을 맞춰야 하는 것이다. 만약 꾀를 부리거나 뒤쳐지는 개가 있으면 모두가 지치게 된다. 시베리안 허스키의 무리를 이끄는 것은 사람이 아니라 리더 개인데, 통상 가장 힘이 세고 경험 많은 암컷으로 속도를 조절하며, 게으름피우는 녀석들을 다그치기도 하고, 얇은 얼음이나 구덩이를 피해 간다.

주인이 눈보라 속에서 길을 잃으면 왔던 길을 찾아 되돌아가는 책임을 수행하는 것도 바로 리더 개로, 이를 '알파독'이라고 한다.

20세기의 탐험가 가운데 으뜸으로 꼽히는 우에무라 나오미(植村直己, 1941~1984)가 쓴 「안나여, 저것이 코츠뷰우의 불빛이다」라는 책이 있다. 그는 1974년 12월부터 1976년 5월까지 무려 1년 6개월에 걸쳐 그린란드 서쪽 야콥스하운으로부터 알래스카 코츠뷰우까지 12,000km를 썰매로 달려 북극점에 도달했다.

혹한 속에서 피로와 굶주림으로 아슬아슬한 고비를 셀 수 없이 넘기고 마침내 코츠뷰우 마을의 불빛을 발견했을 때, 나오미는 썰매의 알파독 안 나에게 "안나여, 저것이 코츠뷰우의 불빛이다!"라고 말했고, 후일 이를 책 의 제목으로 삼았다고 한다.

우에무라 나오미는 일본의 탐험가로, 효고현(현 도요오카 시)에서 태어 났다. 메이지 대학 산악부에 들어가면서 산행을 시작했으며, 1970년 일 본인 최초로 에베레스트 등정에 성공했고, 이어 몽블랑, 킬리만자로 등 세계 5대륙 최고봉을 모두 등정했다. 1968년 남미 아마존 강 원류로부터 하구까지 6,000km의 뗏목 탐험을 했으며, 1976년 개썰매로 12,000km를 달려 북극점에 도달했다. 1984년 2월, 북아메리카 맥킨리 산을 단독으로 등반하고 하산 중 실종되었다.

개에 관련된 외국 속담 I

1. 늙은 개에게 새로운 기술을 가르칠 수는 없다. (영국)

2. 짖는 개는 절대 물지 않는다. (영국)

3. 개가 짖는다고 해서 용하다고 할 수 없고, 사람이 잘 지껄인다고 영리하다고 할 수 없다. (영국)

4. 사나운 개 콧등 아물 틈이 없다. (영국)

5. 개는 나의 친구, 아내는 나의 적, 자식은 나의 주인. (영국)

6. 개가 짖는다고 모두 도둑은 아니다. (영국)

7. 훌륭한 개는 뼈를 받을 권리가 있다. (미국)

8. 개의 몸에 있는 벼룩이 고양이를 물게 할 일은 없을 것이다. (중국)

9. 자신이 기르는 개를 때리려는 자에게는 몽둥이가 필요한 법이다. (중국)

10. 개는 꼬리에 영혼이 있고, 말은 귀에 영혼이 있다. (몽고)

Chapter.7

동물의 서열의식

"만인지상 일인지하(萬人之上 一人之下)!
주인 외에는 모두 내 밑이야."

두마에 관계된 내 지인들은 족보가 무척이나 혼란스럽다. 친구나 선배들은 나와 서열이 같으므로 별다른 문제가 없는데, 문제는 후배들이다. 삼촌까지는 괜찮은데, 가장 나이어린 후배를 두마의 형으로 삼았으니, 그는 내 큰아들이 되고, 또래의 여자들은 딸이 된다.

다소 헷갈리는 족보지만, 대략 서른 살 이상이면 두마 삼촌이나 이모, 그 이하는 형이나 누나라고 호칭하는데, 그들 역시 당연하게 여기고 있다.

시나리오 작가인 후배 T는 부인으로부터 '선배네 집에 가서 두마 형 노릇이나 해'라는 소리를 들을 정도로 두마의 열성 팬이다.

하루는 그가 집에 놀러 왔는데, 두어 시간쯤 후에 부인이 내게 전화를 걸어 왔다.

"안녕하세요? 우리 한마 거기 있죠?"

'한마'라— 자신의 남편이 '두'마보다는 위이니까 '한'마라고 빗대어 놀리는 듯했다.

"아— 세마 씨! 한마 여기 있어요."

한마보다 어리므로 세마라고 부른 것이다.

"세마요? 호호호! 여전하셔… 한마한테 이따가 아홉시에 신림동에서 만나자고 전해 주세요. 두부!"

"두부—? 두부가 뭐죠?"

"두마 부친이시니까요."

윽— 한 방 먹었군.

어쨌거나 수많은 삼촌과 이모, 형과 누나가 있는 두마는 가장 어릴 수밖에 없지만, 스스로 생각하는 서열은 다소 다른 듯하다.

동물학자의 말에 의하면, 애완동물의 대부분이 자신이 사육되는 것이 아니라 거꾸로 자기가 사람을 사육한다고 여기는데, 개보다 고양이가 이런 성향이 훨씬 강하다고 한다.

예를 들어, 자신이 들어가고 싶은 곳의 문이 잠겨 있으면, 개는 앞발로 문을 긁으며 끙끙대지만, 고양이는 허리를 곧추 세우고 앉아서 '야옹~!' 하고 운다.

둘 다 문을 열어 달라는 의사를 표시하는 것이지만, 개는 '문 좀 열어 주세요!'이고, 고양이는 '게 아무도 없느냐?'라고 한다. 즉 고양이는 자신이 최고인 줄 알고, 개는 주인을 제외한 2인자로 생각하는 나름대로의 계급의식을 가졌다고 볼 수 있다.

서열의식이란 다른 말로는 자신의 역할에 대한 자부심을 의미할 수도 있다. 개가 자신을 2위라고 여기는 것은 자기가 1인자를 보필하는 위치에 있다고 생각하는 때문이기도 하다. 위치란 임무와도 상통하는데, 경비견은 집을 지키는 데 긍지를 가지고, 수색견은 뭔가를 찾아냈을 때 기뻐하는 것이다.

미국 작가 사무엘 홉킨스 아담스(Samuel Hopkins Adams)의 단편 「맹인과 맹도견(盲導犬)」은 자신의 위치를 잃은 개의 자아상실을 잘 묘사하고 있다. 비록 픽션이지만 '그럴 수도 있겠구나'하고 고개를 끄덕이게 만든다.

맹도견과 함께 지내던 맹인이 개안수술(開眼手術)을 받고 시력을 회복한다.

과거와 달라진 주인의 행동에 개는 처음에는 당혹스러워 하다가 나중에는 자신이 할 일이 없어졌음을 알고 극도로 불안한 상태를 보인다. 주인은 개를 달래기 위해 할 수 없이 다시 장님 행세를 하다가, 결국 개를 포기하고 멀리 떠나 버린다.

소설에 등장하는 맹도견만큼 심하진 않지만 두마 역시 예외는 아닌지 자신을 서열 2위쯤으로 여기는 듯했다. 나와 단 둘이 있을 때야 2위라고 해도 결국 졸병인 것이 당연하지만, 다른 사람이 있을 때는 그 같은 태도가 확실히 나타났다.

가끔씩 집에 오시는 어머니도 두마 팬클럽의 최고령회원이시다. 붙임성 있고 노래도 하는 개가 귀여운 것이 당연하지만, 어머니는 나이든 아들의 아들, 즉 손자인 두마를 챙겨 주시려 갖은 노력을 기울이셨다. 그럼에도 두마가 야속하게 손을 달라거나 앉으라는 단순한 명령도 잘 듣지 않는다며 상당히 서운한 눈치를 보이셨다.

나이가 드신 탓에 발음이 정확하지 않은 것도 문제였지만, 녀석은 나를 대장으로, 자신은 부관으로 생각하는 만큼 자기 눈에는 느리고 작은 사람일 뿐인 어머니를 졸병 정도로 생각할 수밖에.

"어머니, 개한테 명령을 내릴 땐 짧고 위엄 있게 해야 되요."

"두마, 손−!"

어머니가 내게 배운 대로 해보셨지만, 녀석은 분명 나를 대할 때와는 달랐다. 마지못해 손을 내미는 것 같았고, '앉아!'나 '엎드려!'를 시키면 더더욱 동작이 굼떴다.

하지만 두마가 스스로를 낮추고 꼬리를 치며 어머니께 아양을 떨 때도 있다. 바로 밥을 줄 때이다. 나는 보통 소시지를 잘라 사료에 섞어 주지만, 어머니는 고기를 볶아 주기도 하시고, 치즈가루도 뿌려 주는 등 정성을 기울이신다.

소위 질의 차이를 깨닫게 된 두마는 어머니가 사료에 갖은 양념을 하실 때면 옆에 앉아 혀를 길게 빼고 못 참겠다는 듯 침을 뚝뚝 흘린다. 어머니는 그 기회를 놓치지 않고 '손!'이나 '앉아!' 등 평소의 한(?)을 맘껏 풀어 보신다. 참으로 재미있는 조손(祖孫)이다.

Dumas' View

아빠와 내가 사는 집에는 많은 사람들이 드나드는데 그들 대부분은 나의 삼촌과 이모임을 자처한다. 잘은 모르지만 삼촌은 남자, 이모는 여자를 뜻하는 말이 아닐까 하는 생각이 든다.

맛있는 음식을 담아 놓는 하얗고 차가운 김을 내뿜는 상자―나중에 '냉장고'라는 것을 알았다―를 마음대로 열 수 있다는 점만 빼면 인간이란 참으로 불편하다.

불쌍하게도 나처럼 풍성한 털이 없어서 옷이라는 것을 걸치고 다닌다. 그것도 하나가 아닌 여러 가지를. 그 때문에 몸에 드러난 부분이 없어 남자와 여자를 구분하기가 무척 힘들다.

나름대로 눈치껏 남녀를 구분할 정도가 되었는데, 나를 온통 헷갈리게 하는 일이 생겼다. 아빠와 삼촌이 네모난 유리상자에 나온 사람을 보면서 이런 이야기를 나누는 것이었다.

"저 가수 트랜스젠더라며?"

"네, 그래도 예쁘죠."

"예쁘긴 예쁜데… 왠지 개운치는 않아."

"그거야 남자였다는 사실을 미리 알고 보니까 그렇죠."

"여하튼 참 희한한 세상이야."

도통 모를 소리였다. 분명 여자 같은데 남자라니 아니 남자 같은데 여자인가?

내 의문은 비비를 만나고서 어렴풋하게나마 풀렸다. 비비는 이웃에 사는 알래스칸 말라뮤트로 내 걸프렌드이다. 왠지는 모르겠지만 비비를 만나면 기분이 좋다. 우선 대화가 통하며, 체급이 맞아 서로 레슬링하기에 적당한 때문이다. 그리고 정확히 설명을 하진 못하겠지만 어쨌든 묘한 기분이 드는데 그것이 나쁘지 않다.

어느 날 비비와 이야기를 하다가 충격적인 사실을 알게 되었다.

"비비! 네 주인도 우리 아빠처럼 너 결혼시키기 싫어 하니? 우리 함께 있으면 좋을 텐데… 매일 레슬링도 할 수 있고 말이야."

"나는 시집 갈 수가 없어."

"왜?"

"병원에서 수술을 받았거든… 불임수술이던가?"

불쌍하게도 비비는 석녀(石女) 아니 석견(石犬)이었던 것이다.

나는 이렇게 소리치고 싶었다.

"우리를 이대로 사랑하게 놔두세요!"

남녀 이야기를 하다가 잠시 옆길로 샌 것 같다. 내가 하려던 이야기는 아빠 집에 찾아온 키도 작고 걸음도 느린 '작은 사람'에 대한 것이다.

"두마야! 네 할머니다. 인사해라."

'할머니'라는 말을 잘 알아듣지는 못했지만 아빠의 태도를 보아 작은 사람은 수시로 집에 드나드는 많은 삼촌이나 이모들보다 서열이 높은 것 같았다. 어쩌면 대장의 부관으로서 서열 2위인 내 자리가 위태로워질 수도 있다. 이럴 때일수록 기선제압은 중요한 법. 뭔가 좋은 수가 없을까?

"어머니! 두마는 노래를 할 줄 알아요."

"개가 무슨 노래를 한다고…?"

"들어 보세요."

내 생각을 알았는지 때맞춰 아빠가 하모니카를 가져와 반주를 해주기에 나는 노래를 한 곡 뽑았다.

"아우˜ ♪ 아우! 아르르르˜ ♬ 워워워˜!"

내 노래를 들은 작은 사람의 눈에 경외(敬畏)의 빛이 서렸다. 그러면 그렇지. 이제 서열은 결정된 것 아닌가. 아빠가 작은 사람에게 하는 걸 보면 내 위치가 아리송해지긴 하지만 더 이상 따지지 않기로 했다.

작은 사람은 나와 함께 있노라면 자꾸 손을 달라고도 했다. 말을 잘 듣는 것은 위신이 서지 않는 터라 보통 무시하지만 가끔씩은 손을 내밀어야만 한다. 작은 사람이 주는 밥은 아빠가 주는 것과는 질적인 차이가 있기 때문이다. 좋은 게 좋은 것 아닌가?

개에 관련된 외국 속담 II

1. 이웃집 개를 때리고 싶을 때는 동시에 그 주인의 얼굴도 떠올리자. (미얀마)

2. 꼬리 없는 개는 기쁨을 나타낼 수 없다. (알바니아)

3. 집의 개가 멀리 떨어진 친척보다 낫다. (페루)

4. 짖는 개를 두려워 말고, 짖지 않는 개를 두려워하라. (터키)

5. 최고의 사랑은 어머니의 사랑, 다음은 개의 사랑, 그 다음이 연인의 사랑이다.

    (폴란드)

6. 개는 아내보다 분별이 있다. 주인에게는 짖지 않는다. (러시아)

7. 사자 꼬리가 되느니 개의 머리가 되라.

8. 개는 충성보다 애정을 더 많이 가지고 있다.

9. 짖지 않는 개와 소리 없이 흐르는 물을 조심하라.

10. 집에 가서 개나 걷어차라

Chapter.8

충성 VS 반항

"사람들은 개를 가장 오랜 친구라고 하면서
왜 자꾸 주인 노릇을 하려고 하지?"

사전적 정의에 따르면, 개는 식육목 갯과에 속하는 동물로, 생물학적으로는 독립된 종이 아닌 늑대의 일종이다. 상세히는 회색늑대(Canis lupus)의 아종으로 분류된다. 야생늑대와 생물학적 동종이기 때문에 얼마든지 쌍방간 교배가 가능하다. 즉 개는 인간에 의해 가축화된 늑대라고 볼 수 있다. 다소 별종인 딩고(Dingo)는 야생화된 들개이며, 늑대개는 늑대와 개 사이의 혼혈이지만 하나의 견종으로 인정받기도 한다.

생물학적 분류와는 달리, 특성에 따라 개류와 고양이류로 나누기도 한다. 고양이가 개의 조상일 리는 없지만, 아마 행동이나 성격이 충성스런 개와는 달리 고양이처럼 도도하고 주인을 무시하는 듯한 태도를 보여 이처럼 나누는 모양이다.

특히 삽사리는 셰퍼트나 도베르만, 허스키 등과는 달리 몸이 무척 유연하다. 뒷발로 귀를 긁을 수 있는 것은 물론 마치 사자처럼 하늘을 보고 벌렁 드러누워 자기도 한다. 게다가 불러도 약간 개개다가(?) 마지못해 오는 듯한 경우도 있고, 자기가 필요하면 먼저 다가오기도 한다. 하는 짓이 고양이와 흡사하다.

일반 견종은 사람을 주인으로 여기는데 반해 고양이 같은 성격을 가진 견종은 사람을 친구처럼 생각한다. 즉 가깝기는 하지만 예속이 아닌 동등한 관계로 여기는 것이다.

오늘날에는 상식처럼 여겨지는 "조류는 부화하여 처음 본 생물체를 자신의 부모로 여긴다"는 이론을 정립한 오스트리아 출신의 동물행동학자이자 비교행동학의 창시자로 노벨상을 공동수상한 콘라드 로렌츠(Konrad Zacharias Lorenz, 1903~1989)는 개의 조상을 자칼(Jakal, Canis Aureus)

과 늑대(Wolf, Canis Lupus)로 나누고, 행동과 특성을 '충성'과 '반항'의 상반되는 충동으로 구분했는데, 이는 새끼가 부모를 따르는 본능-어리광-이나 우리머리에 대한 복종과 무리에 대한 경외 그리고 성별의 차이에서 비롯된 것이라고 설명한다.

자칼의 습성을 가진 개는 어리광이 남아 있으며, 한 곳에 정착하려는 성향이 있는 반면 무리지어 살던 늑대의 습성을 가진 개는 이리저리 옮겨 다니지만 집단성과 소속감이 강하다.

보다 자세히 설명하면, 아주 어린 새끼일 경우에는 종을 불문하고 '무조건적인 복종-인간에게는 '충성'으로 여겨지는-을 하지만, 철이 들 무렵이 되면 특성이 확실하게 구분된다. 자칼은 부모에게 부리는 어리광이 남아 있는 반면 늑대는 우두머리에 대한 복종과 동료애 대한 우정이 남아 있다. 따라서 어리광이 남아 있는 자칼은 성견이 되어도 인간에게 복종하지만, 야생성이 강한 늑대는 성장하면 인간을 주인이 아닌 동료로 여긴다.

자칼 계통은 주인에게서 부모를 찾으려 하므로, '복종심'이 충성스럽게 보이고, 늑대 계통은 주인에게서 우두머리 늑대를 본다고 할 수 있으므로, 동료의식이 자칫 '반항'하는 것으로 보일 수 있어 고양이처럼 도도하게 군다고 느껴질 수도 있다.

물론 반드시 이렇지는 않고, 개체의 특성이 집단적 특성에서 벗어난 경우도 적지 않다.

인간과 가장 친밀한 동물인 개를 보는 시각은 지역, 즉 동서양에 따라 약간 차이가 있다. 서양은 개를 '가족 구성원(One of Family)'으로 보지만, 동양은 '식구(食口: Another Mouth But Familar)'로 보는데, 피가 섞인 가족은 아니지만, 밥을 함께 먹을 정도로 가까운 사이로 인정하는 것이다.

서양에서 개는 가족이므로 집안으로 들어올 수 있는 것─현관에 개 전용 미닫이 문도 있다─은 물론 식사 때면 옆에서 같이 먹고, 침대 옆에서 잠을 잔다.

동양에서는 개가 집안으로 들어오는 것을 꺼리므로, 마루에만 올라와도 할머니는 "이놈의 자식!"하고 야단쳐서 쫓아낸다. 하지만 그토록 구박하면서도 결국 밥을 챙겨 주지 않았던가. 동양에서 개는 미운 정 고운 정이 드는 관계였다고 볼 수 있다.

개에 대한 구분은 한자에도 잘 나타난다. 개를 뜻하는 한자는 견(犬)을 비롯하여 구(狗), 술(戌), 방(尨), 오(獒) 등 의외로 많다.

이강원 박사의 「개들이 있는 세계사 풍경」과 김정호의 「조선의 탐식가」를 참고하여 그 차이를 알아보자.

1. 견(犬)

상형문자의 전형적인 예로, 개의 꼬리가 위로 치켜 올라간 모습을 나타낸 것이다. 견은 큰 대(大)를 바탕으로 한 것인 만큼, 작은 강아지가 아닌 큰 개를 의미하며, 혈통이 있는 고귀한 신분을 가리킨다. 큰 대는 어른 또는 임금을 뜻하므로, 높은 사람들이 키우는 개라는 의미이다.

또한 견이라는 글자가 만들어졌을 때, 중국 북부에서는 아시안 스피츠 계열의 개가 존재했으므로, 이가 바탕이 되었으리라고 생각할 수 있다.

2, 구(狗)

짐승을 뜻하는 개사슴록 변[犭]과 구절 구(句)가 합친 글자이다. 그런데 '구'는 단지 발음을 위해 붙였다고 보기는 어렵다. 구(狗)는 아직 다리를 펴지 못해 구부린 채로 있는 아이의 모습을 본뜬 글자라고 보기도 한다.

따라서 견(犬)은 성견, 구(狗)는 강아지를 가리킨다고 할 수도 있다. 망아지 구(駒)도 말 마(馬)에 구(句)를 붙인 것이다.

이 때문에 견은 대개 좋은 의미로 사용되고, 구는 부정적인 의미를 가지는 경우가 많다. 견은 충견(忠犬), 애완견(愛玩犬), 군견(軍犬), 견공(犬公)처럼 긍정적인 말에 사용되는 반면에 구는 황구(黃狗), 주구(走狗: 앞잡이), 양두구육(羊頭狗肉), 구미속초(狗尾續貂)처럼 부정적이거나 개의 고기를 의미하는 용도로 주로 사용된다.

3. 오(獒)

크기가 아주 큰 맹견을 가리킨다.

4. 방(尨)

삽살개나 작은 사냥개를 의미한다.

5. 술(戌)

십이간지 중 열한 번째로 개띠를 의미한다.

Chapter.9

군견병

"사나이로 태어나서 ♪ 할 일도 많다만 ♫ …
개는 병역의 의무가 없지만,
특이한 녀석들은 입대하기도 하죠."

"안녕하세요? 오, 두마! 잘 있었니?"

두마를 데리고 산책을 나갔는데, 이웃 주민인 P가 다가와 인사를 했다.

"예, 오랜만이네요."

"두마! 이젠 똑바로 앉는구나. 전에는 애 두엇 낳은 아줌마처럼 삐딱하게 앉더니……."

P는 개를 좋아했고, 상식도 풍부했다. 그래서인지 내가 두마를 데리고 나갔을 때, 먼저 와서 인사를 했고, 개를 훈련시키는 몇 가지 팁을 알려 주기도 했다.

"어떻게 개에 대해서 그리 잘 아세요? 다른 사람들은 두마 덩치를 보고 겁을 집어먹기도 하는데."

"군견병이었거든요."

"오호! 군견을 영어로는 뭐라고 해요?"

"밀리터리독(Military Dog)이나 워독(War Dog)이라고 하죠."

"그럼, 군견병은요?"

"글쎄요. 독솔저(Dog Soldier) 아닐까요?"

"독솔저면 '개군인' 아닌가요?

"그런가요?"

대한민국에서 군대를 다녀온 사람은 두 부류로 나뉜다. 나처럼 고생스럽게 군 생활을 한 사람을 없다는 측과 나처럼 군대에서 편하게 지낸 사람은 없다는 측으로.

또한 UDT니 HID니 하는 특수부대 출신이라고 큰소리치는 사람은 많지만, 뾰족하게 증명할 방법도 없으니 그냥 고개를 끄덕이는 수밖에 없다.

그런데 군견병이라니? 그 또한 대한민국 군대에서 몇 안 되는 특수 보직임에는 틀림없다.

"군견병 생활은 어땠어요?"

"지금이야 많이 발전했겠지만, 그때는 엉망이었어요. 군견 훈련 지침이나 군견병 복무 지침 모두를 내가 만들었거든요."

"아하, 그래서 개에 대해 빠삭하시구나."

P는 내게 군 시절의 에피소드를 들려주었다.

군견(軍犬, Military Working Dog, War Dog. 속어 K-9)은 탐지, 수색, 추적, 경계 등 4가지가 주요 임무이며, 오랜 훈련을 받아야 한다.

P로부터 우리나라의 특수한 상황 때문에 생긴 재미있는 에피소드를 들었다. 얼마 전 방영된 리얼 밀리터리 버라이어티 프로그램 「진짜 사나이」가 아닌 「진짜 군견」이라고나 할까?

아무리 쌍팔년도 군대라 해도 군견이 적을 발견하면 재빨리 달려가 물도록 훈련시키는 것은 기본이다. 그런데 가상 적-적군 역할을 하는 아군-이 문제였다. 군견에게 공격당하는 적군의 역할은 불쌍한(?) 방위병들이 맡는다. 현역병들에게 갖은 구박을 받는 것도 모자라 개한테도 박해를 받으니… 정말 군 생활 빡세다. 물론 팔에 보호대를 차긴 하지만, 개에게 물린다는 것은 썩 유쾌한 일은 아니다. 역할도 그렇고.

일요일 아침, P는 자신의 군견을 데리고 부대 뒷산으로 올라갔다. 훈련도 아니고, 인적이 드문 곳이어서 목줄도 하지 않은 채였다.

야트막한 산 중턱쯤에 이르니 제법 널짝한 평지가 있었다. 잠시 쉬려고 앉기 적당한 장소를 찾고 있는데, 반대편 숲에서 불쑥 한 사람이 나타났다.

P의 부대로 출퇴근하는 방위병이었다. 집이 근처라서 땔감이라도 마련하러 왔는지 지게를 지고 있었는데 문제는 복장이었다. 모자는 쓰지 않았지만, 그는 얼룩무늬 방위복을 입고 있었다.

하긴 군복만큼 편한 옷이 어디 있으랴? 부대에서는 군복, 일할 때는 작업복, 마실 나갈 때는 외출복이니, 방위병은 습관대로 방위복을 입고 온 것일 뿐이었다.

늘 훈련을 받아 온 군견에게 방위복을 입은 사람은 '적군'이었다.

군견은 P가 명령을 내리기도 전에 훈련 때처럼 빠르게 달려갔다. P는 소스라치게 놀랐고, 방위병은 겁에 질려 꼼짝도 하지 못하고 마치 석상처럼 굳어 벼리고 말았다. 워낙 흥분한 상태라 명령이 제대로 먹힐지도 몰랐다.

자칫하면 참사가 벌어질 수도 있는 상황! 그런데 군견은 맹렬히 달려간 속도가 무색하게 갑자기 방위병 앞에 멈춰 섰다. '물어야 할 곳' 즉 방위병의 팔에 보호대가 없었기 때문이었다.

태권도장을 열심히 다니긴 했지만, 진짜 싸움은 처음인 경우랄까? 적군을 공격하려 했지만, 평소와는 달리 물 데가 없어서 당황했던 것이다. 아마 속으로는 '훈련할 때와는 다르잖아. 어떻게 한다?'라고 했으리라.

그 사이 P는 재빨리 군견의 목을 낚아챘고, 방위병은 안도의 한숨을 내쉬었다.

이튿날, P는 군견대 간부에게 어제 자신이 겪은 일을 보고하며, 한 가지 제안을 했다.

"방위병은 엄연한 아군 병사입니다. 그런데 군견이 늘 훈련받던 대로 적군이 아닌 방위복을 입은 아군을 공격한다면 말이 되겠습니까?"

"옳은 말이야. 그런데 북한군 군복을 어디서 구하지? 그리고 반드시 북한군만 적이라고 할 수는 없잖아. 다른 나라와 전쟁을 할 수도 있으니까."

간부들도 그의 제안에 고개를 끄덕였지만, 가상 적군의 복장이 바뀌는 것을 보지 못하고 P는 제대했다고 한다.

Dumas' View

군견에게도 계급이 있을까? 사관급이라고도 하고, 위관급이라고도 하지만, 모두 틀렸다. 군견에게는 계급이 없다.

나도 놀랐다. 그리고 동료들이 불쌍하다는 생각이 들었다. 임무를 수행하기 위해 고된 훈련을 받고, 체력도 좋아야 하기 때문에 대우나 부식이 상당히 좋아서 그런 생각을 하게끔 만든 것 같다.

아빠 친구 P의 말에 따르면, 여름에는 아이스크림도 준다고 하니, 군에서는 호강하는 편이다.

어쨌거나 군견은 소모품이다. 속되게 말하면 '비싼 특수무기'라고나 할까. '죽으면 개 값'이라는 말 그대로다.

군견은 대개 셰퍼트이고 간혹 레트리버처럼 다른 종도 있다. 진돗개가 군견이 되지 못하는 이유는 오로지 한 주인만 섬기므로, 담당인 군견병이 제대하고 나면 다른 병사가 관리하기 힘들기 때문이라고 한다.

MBC의 「진짜 사나이」라는 예능 프로그램이 있었다. 리얼 입대 버라이어티라는 기치 아래, 연예인들이 며칠 동안 병영 체험을 하는 것인데, 시쳇말로 조금 '빡센' 예능이다. 그 프로그램을 보니까 나는 더더욱 '군견'이 되고 싶다는 생각이 없어졌다. 민간견이 얼마나 편한데.

오늘날에는 개의 일자리도 많아졌다. 군견 외에 경찰견, 경비견(번견), 탐지견(마약, 폭발물, 육류 등 분야가 다양하다), 수렵견, 경호견(호신견), 교도견, 소방견, 보조견, 목양견, 치료견 등이 있다.

이들 가운데 가장 대접 받는 것은 연예견이다. 영화나 드라마에 출연하는 개-나도 출연한 적이 있었는데, 무척 고생스러웠다-도 있고, KBS 버라이어티 프로그램 「1박2일」에 출연했던 상근이도 있다. 이밖에 특수직으로 분류되는 경주견이나 투견은 무척 고생스러울 것이다. 만날 뛰어야 하고, 싸움질을 해야 할 테니.

Chapter.10

비행청소견(非行靑少犬)의 가출

"집 나가면 개고생-!
하지만 바깥세상이 궁금한 걸 어떡해?"

눈먼 사람을 가리키는 말로 소경, 장님, 봉사 가운데 가장 높인 말은 무엇일까? 정답은 장님이다. 왜냐하면 '님'자가 들어갔으니까. 초등학교 때 들은 수수께끼인데, 과연 그런지 아직도 정답을 잘 모르겠다.

하지만 실제로 장님을 대할 때는 이런 표현을 쓰면 실례를 범하는 것이고 '시각장애자'라고 해야 한다. 마치 미국에서 검둥이를 '니그로(Negro)'나 '블랙(Black)'이라 하지 않고 '유색인종(Colored People)'이라고 표현하는 것과 마찬가지이다.

시각장애자를 안내할 때 딴에는 친절을 베푼답시고 손을 꼭 잡고 끌어당겨서는 안 된다. 그들은 눈이 불편한 대신 청각과 촉각이 상상 이상으로 발달했다. 따라서 팔꿈치를 가볍게 잡고 평소보다 느린 걸음으로 가면 안내자의 미묘한 움직임이나 근육에 전달되는 힘의 변화를 느끼고 반응한다고 한다. 춤출 때도 마찬가지로 가능한 한 상대의 몸에 닿는 부위를 최소화하는 것이 바른 매너다.

뜬금없이 웬 시각장애자와 춤 이야기인가 하겠지만, 모두가 개와 관계가 있기 때문이다.

두마를 데리고 산책을 하노라면 신통하다고 느낄 때가 종종 있다. 양갈래 길이 나타났을 때 '왼쪽', '오른쪽'을 알아듣는 것 같기 때문이다.

녀석이 이 말까지 알아듣는 것은 아닐 텐데? 의문은 곧 풀렸다. 두마는 내가 잡은 목줄에 전달되는 미세한 힘의 변화 또는 발걸음의 차이를 감지하여 방향을 정하는 것이었다.

나는 그리 활동적인 편은 아니어서 두마와 자주 산책을 나가지는 못한다. 하지만 녀석은 썰매를 끌고 드넓은 설원을 달리던 선조의 끓는 피를 물려받아서인지 호시탐탐 아니 견시탐탐(犬視耽耽) 나갈 궁리만 한다. 하긴 목줄에 묶여 동네 한 바퀴 도는 것이 성에 찰 리 만무하다.

아무리 그렇다고 해도 두마는 지금까지 무려 세 차례나 가출을 하여 내 속을 끓였다. 다행히도 큰 탈 없이 무사히 돌아왔기에 아니 내가 녀석을 찾았기에 망정이지. 그렇지 못했다면 크나큰 슬픔을 겪었을 것이다.

지금부터 소개하는 이야기는 비행청소견(非行靑少犬) 두마의 무려 세 차례에 걸친 가출담이다.

1차 가출

이사 온 다음해 그러니까 1998년 늦여름, 오랜만에 제법 많은 사람들이 집을 찾았다. 8월 말인 내 생일과 9월 1일인 두마의 생일을 묶어 조촐한 모임을 가진 때문이다. 명목은 부자(父子) 합동 생일 파티였지만, 그 날의 주인공은 단연 두마일 수밖에 없었다.

두마의 돌잔치. 사람이라면 걷기조차 힘든 나이지만, 개는 이미 성년이다. 사람으로 치면 16~18세 정도에 해당하니 법적으로도 거의 성인인 셈이다.

참고로 개의 나이 계산하는 법은 대략 다음과 같다. 생후 1년 미만은 하루를 18~20일 정도로 보며, 2년까지는 하루를 약 1주일로, 그 이상은 하루를 대략 5일로 본다. 그러니까 한 달이면 사람의 한 살 정도라고 할 수 있으며, 6개월이면 8~9세, 1년이면 16~18세, 2년이면 25세가 된다.

이때부터는 대략 1년을 5년으로 계산하면 된다. 따라서 10년이면 65세가 되며, 16세가 넘으면 사람으로 치자면 100세가 넘었다고 본다. 일반적으로 개의 수명은 10~15년이며, 최장수기록은 32년이라고 한다.

생일파티를 위해 우리 집을 방문한 이들은 대부분 두마의 특기를 알고 있었지만, 녀석의 노래는 여러 번 들어도 재미있는지라 모두들 배를 잡고 한 차례 굴렀다. 특히 출판사에 근무하는 여자 후배 J가 데리고 온 네 살배기 딸은 마냥 신기한 듯 넋을 놓고 두마가 노래하는 모습을 지켜보았다. 후일담이지만 J는 집으로 돌아가서 "앙앙-! 아저씨 집에 있는 것처럼 노래하는 개 사줘-!"라며 조르는 딸에게 무척이나 시달린 모양이었다.

제법 시간이 늦어 사람들은 하나둘 일어나기 시작했고, 몇몇은 남아 술자리를 계속하기로 했다. 나는 주인 된 입장이어서 가는 이들을 배웅하기 위해 집을 나섰다.

몇은 지하철을 타러 가고, 다른 몇은 택시를 잡는다기에 함께 기다리다가 모두를 보내고 집으로 돌아왔다.

현관문이 활짝 열려 있었다. 누구인지 모르지만 맨 나중에 나온 친구가 제대로 문을 닫지 않고 나온 모양이었다. 퍼뜩 스치는 불길한 생각에 급히 집으로 들어서며 두마를 불렀다.

"두마! 두-마!"

평소 같으면 꼬리를 흔들며 달려올 녀석이 나타나지 않았다. 혹시나 해서 위층을 둘러보고 화장실과 다용도실도 살펴보았지만 역시 보이지 않았다. 집을 나간 것이 확실했다.

얼핏 들었던 이야기가 생각났다. 시베리안 허스키는 귀소본능(歸巢本能)이 그다지 강하지 않은 종이라는 이야기가 떠오른 것이다. 더구나 집이 5층이고, 건물 1층의 유리문이 닫혀 있으니 설령 돌아왔다 해도 문을 열고 들어오긴 힘들 것이었다. 그리고 늘 목줄에 묶어 데리고 다녔기에 녀석은 차에 치일 위험도 높았다.

이미 밤이 늦어 슈퍼를 비롯한 대부분의 상점들이 문을 닫았기에 물어볼 만한 곳도 없어 동네 골목을 이 잡듯이 다니며 '두마, 두마!'하고 목청껏 불렀지만 녀석을 찾을 수가 없었다.

30여 분이 지나서 어느덧 나는 큰길까지 나와 있었다. 녀석이 차에 치였을지도 모른다는 불길한 생각은 나도 모르게 피하고 있었고, 다른 한편으로는 맛있는 음식을 맨 나중에 먹는 것처럼 두마를 발견할 수 있는 확률이 가장 높은 곳을 남겨 두려던 생각이었는지도 몰랐다.

빨간색에서 녹색으로 바뀌는 신호등을 보고 문득 두마가 길을 건넜을지도 모른다는 생각이 들었다.

길 건너편 쪽은 당인리 발전소로 가는 넓은 골목으로, 발전소 앞임에도 오히려 가로등이 별로 없어 컴컴했다. 골목 어귀에 '해병동우회 순찰단'이라는 스티커를 붙인 봉고가 한 대 서있었고 사람들이 모여 있는 것이 보였다.

"혹시 개 한 마리 못 보셨어요?"

혹시나 하는 마음에 해병 군복을 입은 사내에게 물어 보았다.

"하얗고 큰 놈 말이오?"

두마의 털은 은회색이지만 빛의 각도에 따라서는 흰색으로 보일 수도 있기에 나는 기대에 찬 음성으로 되물었다.

"네, 맞아요. 어디서 보셨어요?"

"아까 저리로 가는 것 같던데… 집 나온 개인지도 모른다는 생각을 했지만 너무 커서……."

아마도 순찰대원인 듯한 중년 사내가 말끝을 흐렸다. 나는 그가 손가락으로 가리킨 방향으로 달려갔다.

"두마! 두―마!"

몇 차례나 불렀을까? 멀리 어둠 속에서 뭔가 허연 물체가 보이더니 점점 가까이 다가왔다. 두마였다.

"야, 이 녀석아!"

그날 집으로 돌아가서 두마는 꽤 오랜 시간 동안 벌―앞발을 상에 올리고 뒷발로만 서 있는 것―을 섰다.

2차 가출

두마가 가출했다가 돌아온 이후, 나는 얼마 동안 히스테리에 가까울 정도의 증상을 보였다. 일을 하다가도 녀석이 보이지 않으면 위층과 아래층을 오가며 얌전히 있는 것을 확인하는 버릇이 생긴 것이다.

이런 나와는 반대로 가출 경험이 있는 녀석은 점점 대담해져 갔다.

한 번은 외출을 하려고 현관문을 여는 순간, 전화벨이 울렸다. 나는 문을 그대로 열어둔 채로 거실로 돌아와 전화를 받았다.

내 기척을 알아챈 두마가 2층에서 내려오더니 계단에 멈춰 섰다. 녀석은 고개를 돌리며 활짝 열린 문과 전화를 받고 있는 나를 번갈아 살피더니 돌연 문을 향해 걸어가는 것이었다. 아주 당연하다는 듯이.

나는 전화기를 팽개치고 달려가 신발을 신었고, 발소리에 놀란 두마는 냅다 뛰었다. 확실히 다리가 네 개인 녀석은 빨랐다. 아마도 그곳에 사는 동안 가장 빨랐으리라 여겨지는 속도로 5층을 뛰어내려온 나는 막 골목으로 모습을 감추려는 녀석의 뒤에서 크게 소리쳤다.

"두맛-!"

약한 자여, 그대의 이름은 여자가 아닌 개이니라. 끊임없는 반복 훈련의 결과로 녀석은 우뚝 멈춰 섰다.

"이리와, 어서-!"

녀석은 그래도 잘못한 것을 아는 모양인지 눈치를 보며 슬금슬금 다가왔다. 나는 두마의 목덜미를 잡고 다시 5층으로 올라갔다. 현관문은 아직도 열린 채였다.

불과 1~2분의 짧은 가출이었지만, 내가 보는 앞에서 허락 없이 집을 나섰다는 것은 명백한 도전이었기에 나는 냅다 녀석의 엉덩이를 갈기고는 재빨리 현관문을 닫았다.

"깨갱~!"

3차 가출

1999년 초겨울, 용산에서 사온 컴퓨터 부품을 운반하느라 몇 차례나 5층을 오르내리다가 그만 문 닫는 것을 깜빡했는데, 그 틈에 두마 녀석이 집을 나갔다.

컴퓨터 조립이 끝난 후에야 비로소 문이 활짝 열려 있는 것을 보고 두마가 사라진 사실을 알게 되었다. 컴퓨터를 조립하고 테스트하는데 3시간은 족히 걸렸으니 두마가 나간 지 한참이 지난 후였다.

소스라치게 놀란 나는 늦은 밤임에도 동네 곳곳을 돌아다니며 두마를 애타게 찾았지만 결국 찾지 못하고 돌아와야 했다.

정말로 가슴이 미어지는 듯했고 하염없이 눈물이 솟았다. 개를 잃은 것이 아니라 자식을 잃은 느낌이었다. 시간이 지나자 불길한 생각은 더욱 커졌다.

마지막 희망을 걸고 인터넷에서 애완동물 동호회를 찾아 시삽에게 메일을 보냈다.

"자식처럼 키우던 개를 잃어 버렸습니다. 혹시 전문적으로 개를 찾아 주는 기관은 없는지요?"

의외로 답장은 빨리 왔다. 하지만 내용은 절망적이었다.

"안타깝게도 그런 기관은 없습니다."

왜 우리나라에는 「에이스 벤추라(Ace Ventura: Pet Detective/ 감독 톰 세디악/ 주연 짐 캐리, 숀 영/ 1994)」 같은 동물탐정이 없을까? 하긴 있을 수가 없지. 보신탕 끓여 먹으면 증거도 남지 않을 텐데, 무슨 수로 찾는담.

거의 포기 상태에 이른 나는 가슴에 남아 있는 두마의 흔적을 지우고자 밤새 정을 끊는 연습을 했고, 다시는 개를 키우지 않으리라고 몇 번이고 다짐했다. 참으로 정이란 끔찍하리만큼 무서운 것이었다.

아침이 되자 후배들이 찾아왔다. 팬클럽 회원 동원령을 내린 때문이기도 했지만, 그들 모두가 두마의 삼촌이나 이모 등의 혈연(?) 관계인지라 가출한 조카를 찾기 위해 모든 일을 젖혀 두고 달려온 것이다.

컴퓨터를 잘 다루는 후배는 스캔 받은 두마 사진과 함께 '개를 찾습니다'라는 문구가 들어간 전단지를 만들었고, 다른 후배들은 이를 복사하여 동네 곳곳에 붙이고 다녔다.

「개를 찾습니다!」

이름: 두마(Dumas)

견종: 시베리안 허스키

특징: 털은 은회색으로, 목에 은색 목걸이를 하고 있음.

위의 개를 보신 분은 연락 주십시오. 후사하겠습니다.

휴대전화 01×-×××-××××」

후배들의 활기찬 모습에 잠시 희망을 품어 보기도 했지만, 스멀스멀 가슴속에서 피어오르는 불안감을 떨칠 수가 없었다.

'아마도 차에 치였거나 아니면… 개장수에게 끌려갔을 거야.'

불길한 생각과 함께 아직 두마의 주검을 눈으로 보지 않은 만큼, 어쩌면 고집이라고도 할 수도 있는 실낱같은 희망 사이에서 내가 할 수 있는 일은 없었다. 눈물을 뚝뚝 떨구며 넋이 나간 듯 우두커니 앉아 있는 것밖에는.

실종 36시간째. 한동안 활기를 띠었던 내 사무실 겸 집안의 공기는 무겁게 가라앉았고, 지친 다리를 이끌고 돌아와 잠시 쉬었다가 다시 전단지를 붙이러 나가는 후배들의 얼굴에도 포기의 그림자가 짙게 드리워 있는 것이 보였다.

절망 속에 빠졌던 두마 식구들을 구해준 것은 한 통의 전화였다. 두마가 실종된 지 48시간째였다.

"개 잃어 버리셨죠. 시베리안 허스키요. 이름은… '두마' 맞나요?"

"네!"

나는 목이 막혀 대답을 하기조차 힘들었다.

"여기 ×× 동물병원인데요. 어제 저녁에 두마가 우리 병원 앞에 묶어둔 레트리버하고 놀고 있더군요. 한참이 지나도 주인이 나타나지 않기에 안으로 데려와 사료도 먹이고 재웠어요. 오늘 전단지 보고 전화 드리는 거예요."

그 병원은 내가 사는 집에서 버스로 두 정거장쯤 떨어진 곳으로 지나다니면서 간판을 본 기억이 있었다.

밤새 힘들여 했던 정 끊기 연습은 순간에 무위(無爲)로 돌아갔다. 나는 세수도 하지 않은 얼굴로 동물병원으로 달려갔다.

눈물의 부자상봉(父子相逢)! 나는 눈물을 흘리며 두마를 꼭 안았다.

집에서 기다리던 후배 모두가 돌아온 탕아 두마를 반갑게 맞았다.

마침 '신출경몰(申出警沒: 신창원이 나타나면 경찰이 사라진다)' 현상을 일으킨 주인공 대도(大盜) 신창원의 체포로 온 매스컴이 떠들썩하던 때인지라 녀석은 '견창원'이라는 새로운 별명을 얻게 되었다.

Dumas' View

나는 아빠와 함께 산책할 때가 가장 즐겁다. 반짝이는 은빛 목걸이를 걸고 노란 색 목줄을 길게 드리운 채 가슴을 쪽 펴고 동네를 걷노라면 많은 사람들이 나를 알아본다.

"두마! 나왔구나. 허! 그놈 참 잘생겼단 말이야."

이건 내가 즐기는 말이지만, 짜증나는 소리를 들을 때도 더러 있다.

"어머! 무서워라. 무슨 개가 이렇게 커. 꼭 늑대처럼 생겼네."

"이름이 뭐예요? 무슨 종자인가요? 뭘 잘 먹나요?"

참 무서운 것도 많고 궁금한 것도 많다. 과자라도 하나 주면서 물어 보면 어디가 덧나는지?

아빠와 함께 생활한 지 2년 정도 지났을 즈음, 문이 열려 있기에 혼자서 산책을 나간 적이 있다. 외출할 때면 늘 아빠가 목줄을 잡고 있어 불편하기도 했는데, 그것이 없으니 무척 편했다.

이곳저곳을 돌아다니다 보니 제법 오랜 시간이 지난 모양이었다. 문득 배도 고프고 아빠도 보고 싶어졌다. 익숙한 냄새를 찾아 집으로 돌아가려 했지만 그만 헷갈리고 말았다.

그도 그럴 것이 내가 사는 곳은 무척 높은 곳이기 때문이다. 아래를 바라보긴 편해도 냄새로 그곳을 찾기란 무척 힘들었다. 게다가 내가 있는 곳은 늘 다니던 익숙한 길이 아니기에 더더욱 걱정이 앞섰다.

어디선가 내 종족의 소리가 들렸다. 걸음을 재촉해 다다른 곳에는 온통 금발인 예쁜 암컷이 목에 사슬을 늘어뜨린 채 앉아 있었다.

"반갑다. 너 예쁘구나. 나는 두마라고 해."

"고마워, 내 이름은 사라야. 골든레트리버 종이지. 너 산책 나왔니? 주인은 어디 있는데?"

"응~ 심심해서 그냥 혼자 나와 봤어. 그런데 여긴 처음 와보는 길이라서 집으로 가는 길을 찾지 못할까봐 좀 걱정돼."

"어머! 그 나이가 되도록 집을 못 찾아간단 말이니?"

이거 원 망신도 유분수지. 적당한 답을 못 찾아 우물거리는데 누군가가 나타났다.

"목걸이가 있는 걸 보니 주인이 있는 갠데… 이렇게 큰 녀석을 묶지 않은 채 데리고 다니진 않을 테고… 집 나온 녀석인가? 어쨌든 들어와라."

나는 예쁜이와 더 대화도 나누지 못하고 안으로 들어갔다. 배가 무척 고팠던 터라 평소에는 잘 먹지도 않던 맨사료를 한 그릇 먹고 창살이 있는 작은 방으로 들어가 몸을 뉘었다. 옆방에는 귀엽게 생겼지만 다소 건방진 포메라이안 종의 계집애가 있었는데, 나를 보더니 비아냥거리는 투로 말했다.

"너 가출했니? 척 보니까 초짜 같은데… 길 건너다 차에 받히지 않은 게

다행이다."

"……?!"

"만약 네 주인을 못 만나면 다른 데로 팔려 갈지도 몰라. 어쩌면 보신탕이 될 수도 있고."

"보신탕이 뭔데? 먹는 것 같은데… 몸에 좋은 거야?"

"멍청하긴! 그래 몸에 좋은 거다, 사람 몸에! 바로 너처럼 덜떨어진 녀석이 재료가 되지. 어이구! 체격이 듬직하니 여러 근 나오겠는 걸."

내용을 확실히는 모르겠지만 어쩐지 기분 나쁜 소리인 듯했다. 그날 밤 나는 무지무지하게 뜨거운 물이 가득 담긴 통 속에서 목욕(?)하는 기분 나쁜 꿈을 꾸었다.

어쨌거나 하루 하고도 반나절을 지내고 나니 심심하기도 하고 답답해졌다. '집 나오면 개고생이라는 말이 맞다!'고 생각하며 하품만 하고 있는데, 반가운 얼굴이 보였다. 아빠와 삼촌이 찾아온 것이다.

아빠는 '두마야!'하고 크게 외치며 달려와 나를 얼싸안고는 눈물을 뚝뚝 흘렸다.

'보는 눈도 많은데 창피하게……'

이래서 나의 짧은 모험은 끝났다. 그날 밤 아빠는 마치 내가 아기인 양 꼭 끌어안고 잤다. 지난밤에 내가 없어서 추웠던 걸까?

"어휴, 답답해. 목 좀 놔줘요, 숨 막힌다고요. 아르르~!"

미국의 부동산 재벌 리오나 헴슬리는 87세로 타계하며, 재산 1,200만 달러를 자신이 기르던 개에게 상속했다. 남동생에게는 1천만 달러, 두 명의 손자에게는 각 500만 달러, 재혼한 남편에게는 3백만 달러, 그리고 '생명을 구해줬다'고 치하한 전속 운전사에게는 10만 달러만 상속했으니, 사람보다 개를 더 소중히 여긴 듯하다.

거액 상속으로 부자가 된 개는 '트러블(Trouble)'이라는 이름의 암컷 몰티즈이다. 물론 상속 받았다고 해서 개가 직접 돈을 관리하는 것이 아니고 재단에 신탁되지만, '트러블'이라는 이름처럼 많은 트러블이 예상된다.

Chapter.11

두마! 성불하시겠어요

"관자재보살 행심바라밀다시(觀自在菩薩 行深般若波羅蜜多時)
조견오온개공 도일체고액(照犬(?)五蘊皆空 度一切苦厄)……!"

집에는 절방석 또는 사찰방석이라고 하는 커다란 방석이 하나 있다. 예전에 명상을 하는 친구에게 갔다가 얻어 온 것인데, 좌선을 하거나 부처께 절을 올릴 때 사용하는 것이라, 크기는 일반 방석의 배가 넘고, 솜도 두툼하게 들어 있어 앉으면 무척 편한 느낌이 든다.

요처럼 크지는 않아도 드러누워 잠깐 낮잠을 잘 수도 있고, 추울 때는 배덮개로 쓸 수도 있다. 나는 의자보다는 좌식(座式) 생활을 하는 터라 꽤 요긴하게 사용하고 있었다.

어느 날, 서재에서 책을 찾아 가지고 방으로 들어왔는데, 두마가 턱! 하니 절방석에서 자고 있었다. 제 딴에는 푹신한 곳을 찾은 것인 모양이다.

"아이구, 두마! 성불(成佛)하시겠어요."

그 후로 절방석은 온전히 두마 소유가 되고 말았다. 밖에서 놀다가도, 잘 때가 되면 자기가 알아서 방석 위로 올라갔다. 집을 이사한 후에도 방석을 자기 잠자리로 알고 있어서 편리했다. 덕분에 빨래거리는 늘었지만.

불가(佛家)에서 수행자는 물론 일반신자에게도 개고기를 먹지 말라고 한다. 살생을 금하는 것이 계율이지만, 신도에게 쇠고기와 돼지고기는 허용해도 특히 개고기를 금하는 이유는 뭘까? 떠도는 이야기를 모아 정리해 보니 대략 다음과 같았다.

첫째, 개는 집을 지키고, 가족을 보호하는 충성스러운 동물이기 때문이다. 평생토록 헌신한 동물을 어찌 먹을 수 있겠느냐는 것이다. 하긴 보신탕을 먹는 사람도 자기가 키우던 개는 먹지 않는 것이 일반적이다. 간혹 예외가 있긴 하지만.

그러나 이 같은 논리는 다소 설득력이 떨어진다. 소는 평생 논밭을 갈고, 말도 늘 사람을 태우고 다니는 수고를 하지 않는가. 죽고 나면 가죽까지 내어주고.

둘째, 어느 절의 처사로부터 이와는 반대되는 이야기를 들었다.

"개는 충성스런 동물이라고 하지만, 결국 밥 주는 사람에게 복종하지요. 즉 주인이 아닌 다른 사람이라도 먹을 것을 주면 충성한다는 말입니다. 의리를 지키기보다는 변절하기 쉽다는 거죠. 물론 진돗개 같은 경우, 주인이 준 밥이 아니면 먹지 않는다고 하지만… 사흘만 굶겨 봐요. 지가 안 먹고 배기나?

그리고 개는 땅에 떨어진 음식을 주워 먹지 않습니까? 자존감이 없다는 거지요. 개고기를 먹으면 자칫 이런 성향이 몸에 밸까봐 금한다고 보아야겠지요."

억지스런 면도 없진 않지만, '개=충성'이라는 틀에 박힌 공식을 깨뜨린 부분도 있다.

셋째, 절은 대개 깊은 산중에 있다. 깊은 산에는 맹수도 있는 만큼 조심하라는 의미에서 개고기를 금했다는 말도 있다. 개고기를 먹고 절에 가다 보면, 냄새 때문에 불법비디오보다는 덜 무섭지만 전쟁이나 마마와는 동급인 호환(虎患)을 당할 수 있다는 것이다.

예전에는 민가 특히 산 가까이 있는 집에서는 꼭 개를 키웠다. 도둑이나 짐승의 침입을 막기 위한 목적과 함께 호랑이를 위한 것이기도 했다.

만약 호랑이가 나타나면 '하룻강아지 범 무서운 줄 모른다'는 말이 있긴 하지만, 개는 아마도 한 입 거리도 되지 않을 것이다. 배를 채운 호랑이가 다시 사람을 해칠 까닭도 없으니, 결국 개는 사람의 안전을 지키는 희생양-희생견(犧牲犬)이라는 말이 없으니-인 셈이다.

개 맛을 알게 된 호랑이는 개고기를 먹은 사람을 공격할 가능성이 높아지는 게 당연하다.

엊그제 먹은 음식 냄새가 날 리 만무하지만, 호랑이는 산신령이라 불릴 정도로 신통력이 있다고 하니 그럴 수도 있을 법하다. 때문에 불가에서 개고기를 금하고, 심마니도 일을 하러 산에 오르기 전 며칠 동안은 몸을 깨끗이 하기 위해 개고기나 비린 것을 먹지 않는다고 한다.

이를 종교적으로 해석해 보면, 입을 맑게 하고, 깨끗한 음식을 먹는다는 뜻의 '청구여소(淸口茹素)'란 불교 용어와 부합된다. 청구여소란 몸과 입과 뜻으로 짓는 열 가지 악을 행하지 말고, 불살생의 계율에 따라 '삼염(三厭)'과 '오신채(五辛菜)'를 먹지 말라는 말이다.

삼염은 천염(天厭), 지염(地厭), 수염(水厭)으로 각각 하늘, 땅, 물에 사는 짐승을 가리키며, 대표적인 것으로 기러기, 개, 뱀장어를 꼽는다. 오신채는 마늘[大蒜], 파[革蔥], 부추[蘭蔥], 달래[慈蔥], 아위[興渠] 등 다섯 가지 채소를 일컫는다.

율장(律藏)에 따르면, 이러한 음식을 먹으면 입 주위에 귀신이 달라붙는다고 한다. 대부분 냄새와 자극이 강한 것이 특징인데, 민간에서는 소위 정력에 좋은 것으로 알려져 있다. 과거 군용 화랑담배나 건빵에 정력감퇴제가 들어 있다는 속설처럼, 수행자는 잡생각을 하지 말라는 것일 게다.

넷째, 윤회(輪廻)를 인정하는 불가에서는 사람이 개로 환생하는 경우가 많으므로 개고기를 금한다고 한다. 특히 가까웠던 사람—주로 가족—이 그런 경우가 많은데 「우란분경(盂蘭盆經)」—「보은봉분경(報恩奉盆經)」이라고도 한다—에는 다음과 같은 이야기가 실려 있다.

부처의 제자인 목련존자(目連尊者)의 어머니는, 생전에 탁발하는 승려를 구박한 죄로 아귀도의 지옥에서 고통을 받고 있었다.

이미 육신통을 이룬 목련존자였지만, 혼자의 힘으로는 어머니를 구할 수 없었기에, 다른 승려들과 함께 음력 7월 15일 백중(百中)에 지옥에서 고통 받는 영혼을 구제하기 위해 삼보(三寶)에 공양하는 우란분재를 행하여 어머니를 구했다.

하지만 어머니의 죄가 너무 무거워 인간이 아닌 개로 환생했고, 나중에 극락정토에 가서 다시 태어났다고 한다.

다섯째는, 삼목대왕(三目大王)의 전설 때문이라고 한다. 눈이 셋 달린 개는 삼목대왕의 현신(現身)이라는 불교 설화와 민간에 전해진 '개는 조상의 환생'이라는 믿음이 결합된 것으로, 합천 해인사에는 다음과 같은 이야기가 전해진다.

신라 문성왕 때 합천에 이거인(李居仁)이라는 사람이 살았다. 그는 가야산 해인사의 「사간장경판(寺刊藏經板)」을 만드는 일을 했다. 어느 날, 그는 길에서 눈이 셋 달린 강아지를 발견하고 데려와서 키웠다.

개도 똑똑하여 하루 한 번만 먹고 주인을 잘 따랐다. 하지만 강아지는 3년 뒤에 죽고 말았다. 세월이 흘러 이거인도 죽어서 저승에 갔는데, 눈이 셋 달린 왕, 즉 삼목대왕이 그를 알아보고 반갑게 맞았다.

"명부(冥府: 지옥)에서 허물을 지어 3년 동안 강아지로 변해 지내는 벌을 받았다오, 그때 나를 잘 보살펴 주어 정말 고맙소."

그는 은혜에 보답하고자 염라대왕의 물음에 대한 답을 알려 주었다. 염라대왕 앞으로 간 이거인은 삼목대왕이 알려준 대로 말했다.

"살아서 법보의 고귀함을 경판에 새겨 세상에 널리 알리지 못하고 온 것이 후회스럽습니다."

이에 감동한 염라대왕은 생사부에서 이거인의 이름을 지워 다시 살아 나도록 했다는데, 모든 것이 한바탕 꿈이었다고 한다.

여섯째는, '인도판 그리스 로마 신화'로 불리는 신화소설 「마하바라타」와 관련되어 있다. 「마하바라타」는 산스크리트어로 '위대한 왕조의 대서사시' 또는 '위대한 땅에서 기록된 성전(聖戰)'이라는 뜻으로, BC 1400~1000년경에 있었던 참혹한 전쟁을 묘사한 내용이다.

「마하바라타」의 마지막 부분에서, 전쟁에 패한 왕자 형제들이 천국으로 가는 관문인 히말라야 산을 오르는데, 어디선가 나타난 개 한 마리가 그들을 따라왔다. 지친 왕자들은 한 사람씩 쓰러지고, 결국 한 명의 왕자만 개와 함께 천국에 이른다.

천국 입구에서 왕자를 맞은 신이 말했다.

"개는 천국에 들어올 수 없다."

이에 왕자가 답했다.

"충직했던 동행을 혼자 남겨둘 수 없습니다. 정 그렇다면 저도 천국에 들지 않겠습니다."

"훌륭하도다. 이것으로 마지막 시험이 끝났다. 천국으로 들라."

개는 신이 변신한 모습이었던 것이다.

이처럼 인도 신화에서는 개를 생과 사, 현세와 내세를 잇는 사자라고 여기므로, 개를 버리거나 학대하는 것은 죄가 된다. 따지고 보면 불교는 인도에서 비롯된 것이니 신자들에게 개고기를 금하는 것이다.

우리나라 무속신앙에서도 사람이 환생해서 저승에서 이승으로 오는 길을 안내해 주는 동물은 하얀 강아지인 경우가 많다.

Tip

충남 서천군 한산(韓山)을 비롯한 인근지역에서는 개를 '가이'라고 하고, '게'를 '거이'라고 한다. 우리말의 'ㅐ'와 'ㅔ' 발음의 구별이 쉽지 않지만, 그밖에도 특별한 이유가 있다.

조선 전기 학자이자 관리였던 이개(李塏, 1417~1456)라는 인물이 있다. 성삼문, 신숙주 등과 함께 훈민정음의 창제에 참여했으며, 또한 사육신 중의 한 사람으로, 본관은 한산(韓山)이며, 자는 청보(淸甫) 또는 백고(伯高), 호는 백옥헌(白玉軒)이며, 고려 말의 학자 목은(牧隱) 이색(李穡) 증손자이다. 토정비결의 저자 이지함(李之菡)은 그의 종증손이다.

동양의 풍습으로는 지체가 높거나, 학식이나 덕망이 높은 분의 이름을 함부로 부르지 않는다. 어렸을 때는 아명(兒名)으로 부르고, 성년이 되면 자(字)를 받고, 보다

나이가 들고 유명해지면 호(號)를 가진다.

외국이야 나이나 직위에 상관없이 이름을 부르지만, 동양에서 그랬다가는 무례한 녀석으로 찍히기 십상이다. 그래서 동양 특히 우리나라는 호칭이 까다롭다.

이처럼 이름을 함부로 부르지 않는 습속에 예의가 더해져, 높은 분의 함자를 입에 담는 것조차 꺼렸다. 그래서 공자(孔子)나 맹자(孟子) 등 성인의 이름을 불러야 할 경우에는 '공모', '맹모'라 하기도 했다.

이개의 경우도 마찬가지. 본관이 한산이니 인근에 후손이 있을 것은 당연한 일이다. 어쩌다가 친구끼리 다툴 때도 흔하디흔해서 이제는 친근감마저 느껴지는 가벼운 욕설 '개자식'이나 '개새끼'도 입에 올리지 못하고, 키우던 개가 닭을 문다거나 음식을 훔쳐 먹더라도 '개'라는 말을 하지 못했다. 자칫 조상을 욕하는 것이 되기 때문이다.

따라서 조상의 함자인 '개'와 멍멍 '개'를 구별하고자, 멍멍이를 '가이'라고 부르던 습속이 전해 내려왔다고 한다.

Chapter.12

애완동물 관련법규

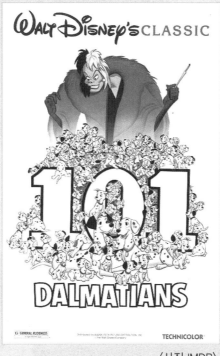

〈사진 IMDB〉

"우리 개는 절대 물지 않아요!"
천만의 말씀이다.
목줄은 반드시-!

늦은 밤, 두마를 차에 태우고 드라이브를 했다. 녀석은 차에 타면 멀미를 하는 건지 아니면 답답해서인지 자꾸 낑낑 대는데, 창문을 열어 주면 조용해진다.

밤이 늦어 지나는 차량도 별로 없기에 창문을 활짝 여니, 두마가 맞바람을 한껏 느끼려는 듯 창밖으로 목을 길게 뺐다.

"어머! 저 개 봐!"

"우와, 쥑인다−!"

지나가던 사람이나 마주 오던 차량의 운전자들도 두마의 모습을 보고 무척 재미있어 하는 것 같았다.

하지만 부자가 함께 한 한밤중의 드라이브는 금세 끝나고 말았다.

"앞 차량 서울 나 ××××번! 개 집어넣으세요."

순찰 중이던 패트롤카의 확성기를 통해 들려온 소리였다. 깨깽−! 공권력 앞에서는 꼬리를 내릴 수밖에.

개와 함께 생활하다 보니 때로는 불편한 경우도 없지 않다. 개를 데리고 나갔는데 갑자기 길에서 용변을 본다거나 아니면 먼 곳으로 가야 하는데 자신의 차가 없다면 이동이 무척 곤란하다. 그리고 애완동물을 구입했는데, 바로 아프거나 또는 죽거나 하여 마음에 상처를 입는 일도 종종 발생한다.

대부분 그들이 '사람'이 아니라는 이유 때문에 겪는 일인데, 조사를 해보면 의외로 동물관련법규가 적지 않음을 알 수 있다. 물론 아직까지는 초보적인 수준이고 애매한 부분도 많지만 그래도 어느 정도 도움이 될 듯하여 몇 가지를 소개한다.

애완동물과 관련된 법률은 동물보호에 관한 일반법인「동물보호법」외에「사료관
리법」「가축전염병예방법」「수의사법」등이 있다. 그 밖에「민법」「악취방지법」「도
시공원 및 녹지 등에 관한 법률」「경범죄 처벌법」「도로교통법」「검역법」「폐기물관
리법」「물환경보전법」「공유수면 관리 및 매립에 관한 법률」「항만법」등도 애완동
물의 사육·관리에 관한 소유자 등의 의무를 규정하고 있다.

1. 동물보호법

「동물보호법」은 동물을 적정하게 보호·관리해서 동물에 대한 유기·학대행위
를 방지하고 국민의 동물보호정신을 함양할 것을 목적으로 하며, 이를 위해 동물등
록, 적정한 사육·관리, 유기·학대 등 금지, 유기동물에 대한 조치 등에 관한 사항
을 규정하고 있다.

2. 사료관리법

「사료관리법」은 사료의 안전성 확보와 품질 개선을 도모할 것을 목적으로 하는
데, 이를 위해 사료의 공정, 사료의 표시사항, 위해요소 중점관리기준에 관한 사항을
규정하고 있다.

3. 가축전염병예방법

「가축전염병예방법」은 가축전염병의 발생을 예방하고 그 확대를 방지함으로써
공중위생의 향상에 기여할 것을 목적으로 하는데, 이를 위해 동물 소유자 등의 책무,

동물의 예방접종, 동물수출입 검역에 관한 사항이 규정되어 있다.

4. 수의사법

「수의사법」은 수의사의 기능과 업무의 적정성을 확보해서 동물전염병의 예방을 강화하고 공중위생의 향상에 기여할 것을 목적으로 하는데, 이를 위해 동물병원의 개설, 수의사의 진료거부 금지, 과잉진료행위 등 금지, 진단서 등의 교부에 관한 사항을 규정하고 있다.

그밖에 민원성 의견은 국민신문고 일반민원신청을 이용할 수 있다. 이에 관련된 법령도 여러 가지인데, 너무 많고 복잡하므로, 실생활에 도움이 될 만한 내용을 요약해 소개한다.

1. 애완동물의 구입

애완견을 구입한 후 하루가 지나기 전에 병들거나 3일 내에 사망하면, 판매자는 같은 강아지로 교환해 줘야 한다. 만약 1주일 내에 병이 나면 판매자가 병을 치료해 줄 의무가 있으며, 뚜렷한 이유 없이 사망하면 구입한 금액의 절반을 돌려 줘야 한다.(소비자 피해보상규정/재정경제부 고시 제99-17호)

2. 애완동물의 교통수단 이용

1) 자가용

운전자는 유아나 동물을 안고 운전장치를 조작하거나 운전석 주위에 물건을 싣는 등 안전에 지장을 줄 우려가 있는 상태로 운전하여서는 안 된다.(승차 또는 적재의

방법과 제한)

2) 버스 및 택시

기본적으로 다른 사람에게 위해나 불쾌감을 주는 동물의 경우에는 승차가 금지되어 있으며, 여객이 자동차안으로 가지고 들어올 수 있는 동물은 다른 사람에게 피해를 끼칠 염려가 없는 애완용의 작은 동물과 맹인 인도견으로 제한되어 있다.

다만 버스, 택시 등은 승객에게 위해나 불쾌감을 주지 않는 범위 내에서 작은 애완동물의 경우는 함께 대중교통을 이용할 수 있다. 만약 승차를 거부하면 신고할 수 있으며, 예전에는 운수사업자만 처벌을 받았으나 1998년 7월 21일부터는 운수당사자 즉 운전기사도 20만 원의 과태료 처벌을 받는다.(여객자동차 운수 사업법 제 25조 및 제 30조)

3) 기차

철도 탑승자는 화약, 폭약, 화공품 등 위험물과 여객에게 위해를 끼칠 염려가 있는 물건 및 사체, 또는 동물 등을 데리고 이용할 수 없다. 다만 용기에 넣은 소수량의 조류, 소충류, 병아리와 시각 장애인의 인도를 위해 공인증명서를 소지한 인도견은 제외한다.(철도법 제 18조/ 객차내에의 휴대물의 금지와 제한)

4) 비행기

수탁수화물은 개, 고양이, 새 등으로 제한하며, 섬유유리, 강한 플라스틱, 금속이나 나무로 적재가 가능한 형태의 우리 속에 있어야 한다. 출발지, 경유지, 도착지의 정부가 요구하는 모든 서류—건강진단서, 예방접종 확인서, 수출입허가증—를 준비해야 한다.

우리 하나에 개와 고양이는 한 마리, 새는 두 마리만이 기내진입수화물로 인정되며, 그 이상의 애완동물은 수탁수화물로 수속해야 한다. 또한 애완동물을 오직 화물로만 도착하도록 인정하는 국가도 있으므로 비행사 화물부서에서 항공화물서류와 선화증권(船貨證券)을 받아 두어야 한다.

3. 애완동물의 공공장소 출입 및 배설물 처리

공원이나 도로 등 공공장소에 애완견의 배설물을 방치하면 10만 원의 과태료 처분을 받게 되고, 애완용 동물과 함께 비닐봉지를 소지하지 않고 공공장소에 출입할 때도 5만 원의 과태료를 물게 된다. (경범죄 및 폐기물처리 관련조례)

4. 동물보호법 제반규정

동물의 관리 및 소유자는 동물이 가급적 본래의 습성을 유지하면서 정상적으로 살 수 있도록 적합한 사료의 급여와 급수, 운동, 휴식 및 수면이 보장되도록 노력해야 하고, 병에 걸리거나 부상당한 경우에는 신속한 치료 기타 필요한 조치를 하여야 한다.

또한 동물을 합리적인 이유 없이 죽이거나 고통을 주거나 상해를 입혀서는 안 되며, 유기해서도 안 된다. 이 규정에 위반한 자는 20만 원 이하의 벌금이나 구류 또는 과료에 처한다.

동물의 사체와 그 부산물 등 악취를 발생시키는 물질은 환경부령이 정하는 적합한 소각시설에서 소각하여야 하며, 노천소각을 하여서는 안 된다.(법률 제4372호, 제5153호, 제 5443호, 제 5454호)법률 제 5094호)

2017년 개정법안

유명 한식당 대표가 인기 연예인의 애완견에게 물려 사망한 사건으로 인해, 농림축산식품부는 행정안전부, 관련 전문가, 동물보호단체 등이 참여하는 반려견 안전관리 TF를 구성하고 다음과 같은 '반려견 안전관리 대책'을 수립했다.

반려견에게 목줄을 채우지 않은 경우, 지금까지는 최대 1차 5만 원, 2차 7만 원, 3차 10만 원의 과태료를 냈지만, 앞으로는 1차 20만 원, 2차 30만 원, 3차 50만 원으로 상향 조정하기로 했다. 현행 동물보호법은 '공공장소에서 배설물을 치우지 않거나 목줄을 하지 않는 경우' 물릴 수 있는 과태료 상한선을 50만 원으로 규정하고 있다. 지금까지는 배설물을 치우지 않은 경우에만 최대 50만 원을 부과했는데, 앞으로는 목줄 미착용에도 같은 기준을 적용한다.

입마개가 필요한 맹견의 범주를 넓히자는 논의도 있었다. 현행법상 맹견은 도사견, 아메리칸 핏불테리어, 아메리칸 스태퍼드셔테리어, 스태퍼드셔 불테리어, 로트바일러 등 6종이다. 중량 10㎏ 안팎의 중형견은 심사 대상에 포함되지 않는다.

이와 함께 인명사고가 발생한 경우 처벌 수위를 높이는 방안도 추진하고 있다. 현재는 형법상 일반규정(과실치사)을 적용해 2년 이하의 금고형이나 700만 원 이하의 벌금을 내지만, 수위를 높일 예정이다.

개를 키우다 보면 자연히 꺼리게 되는 음식이 있다. 바로 보신탕이다. 몸을 보(補)한다고 해서 '보신탕(補身湯)', 영양이 높다고 '영양탕(營養湯)', 여름에 먹으면 1년 내내 건강할 수 있다고 해서 '사철탕', 직설적으로 '멍멍탕'이라고도 하는 음식이다.

나도 적지 않은 세월 동안 사회생활을 한 만큼 몇 번인가는 보신탕을 먹어 보았다. 누구나 그렇듯 처음에는 속아서 먹었고, 나중에는 복날 단체로 회식을 하는 경우로 혼자만 빠지기가 쉽지 않아서였다. 솔직히 맛이 없진 않았지만, 두마를 키우기 전에도 일부러 찾아서까지 먹던 스타일은 아니었기에 기분이 좀 찜찜했다.

출판사에 근무하던 30대 초반의 일이다. 원고를 받기 위해 삼청동에 사는 선배 작가 C의 집을 찾아갔다. 이야기를 나누다가 점심때가 되자 사람 좋고 식도락가로 소문난 C선배가 물었다.

"오형! 개 들죠?"

나는 질문을 제대로 이해하지 못했다. 경상도가 고향인 C는 '개고기를 먹느냐?'고 물은 것이었고, 나는 '계(契)를 들겠느냐?'고 들은 때문이었다. 지금은 거의 사라졌지만 당시만 해도 목돈을 마련하기 위해 친목계를 하는 사람이 많았다.

"에이– 남자가 무슨 계를 해요?"

엉뚱한 대답을 들은 C선배는 나를 물끄러미 바라보더니 갑자기 웃음을 터뜨렸다. 그리고는 말없이 집을 나서더니 삼선교의 허름한 집으로 안내했다. 이북식 보신탕을 파는 소문난 맛집이었다.

옛날에 개고기는 고기를 잘 먹지 못하는 서민들에게 귀중한 단백질 섭취원이었다. 말은 귀했고, 소는 일을 시켜야 하고, 돼지는 상당히 크니, 결국 크기도 적당하고 처리하기도 비교적 쉬운 개를 선택하는 게 당연했다. 하지만 양반 가운데는 개고기를 먹지 않는 이가 많았다.

상것들과 섞이기도 싫었겠지만, 불교적으로 해석하면 개는 다음 생애에 사람으로 태어날 확률이 많은데다가 탐심이 많다는 이유 때문이었을 법하고, 음양학으로 해석하자면 발가락이 짝수인 것은 먹어도, 홀수인 것은 먹지 않는다는 이유 때문이라고 한다.

그러면 양반들은 여름철 보양식으로 무엇을 먹었을까? 우선 삼계탕을 먹었고, 그 다음이 대구탕과 육개장이다. 대구탕은 대신할 대(代)와 개 구(狗)를 써서 개고기 대신 쇠고기를 넣은 것이고, 육개장 역시 개고기 대신 육(肉) 즉 쇠고기를 넣었다는 말이다.

나도 안동식 음식점에서 보신탕과 비슷한데, 개고기 대신 쇠고기를 사용한 전골을 먹어 본 적이 있다.

내가 개를 키운다고 해서 무조건 보신탕을 먹는 사람을 비난하고 싶지는 않다. 비록 프랑스 여배우가 비난하더라도, 보신탕은 우리의 전통적인 식문화(食文化)임에 틀림없고 영양가도 높으며 맛도 좋다. 의사조차 수술한 환자에게 권하는 음식이니까. 그렇지만 자기가 키우던 개를 잡아먹는 것은 이해하기 힘들다.

Tip ::

애완동물 관련 사업이 유기농사료, 간식, 미용, 동물 옷 등 알려진 분야는 물론 성대 및 불임 수술, 성형수술도 이뤄지고 있으며, 장례와 화장까지 다양한 분야로까지 확장되고 있다.

이웃인 일본에서는 애완용 고양이와 개 등의 사주를 보는 것도 유행이라고 한다. 아무튼 별난 일이 자꾸 벌어지는 별난 세상이다.

Chapter.13

개도 사주를 보나요?

"병화가 무토를 양쪽에 두고 있으니 일출동산(日出東山)이라.
밝은 태양이 산 가운데 떴으니, 세상을 밝게 비추고
만인이 우러러보는구나!"

역학에 조예가 깊어 신문에 '오늘의 운세'도 집필하고, 대학 부설 평생 교육원 등에서 강의를 하는 S라는 친구가 있다.

흔히 사주팔자를 바탕으로 미래를 보는 학문을 명리학(命理學) 또는 사주추명학(四柱推命學)이라고도 한다. 미래를 알 수 있다는 호기심이 발동한 때문이라는 점도 없진 않지만, 생년월일과 몇몇 글자만으로 한 사람의 인생을 추측할 수 있다는 점이 추리작가라는 본업과도 과히 어긋나지 않는 때문에 흥미를 갖게 되었다. 이 같은 이유로 추리작가협회에는 명리학을 공부하여 나름대로 일가견이 있는 이도 적지 않다.

나 역시 한때는 적지 않은 관심을 기울였기에 성명학과 관상학 등 관계서적도 두어 권쯤 펴냈고, 잡지에 '이달의 운세'를 연재한 이력으로 S를 만나게 되었는데, 그는 그동안 내가 품었던 의문점을 꽤나 설득력 있게 풀어 주었을 뿐 아니라, 기존학설의 오류를 지적하기도 했다.

그의 이론은 합리적이었고, 무엇보다 신비주의에서 벗어나 명리학을 순수학문으로 연구하려는 태도가 마음에 들어 사귀게 되었는데, 나이는 약간 차이가 나지만 사회에서 만난 터라 서로 존대하며 지내고 있다.

하루는 S의 사무실에 들렀다가 문득 장난스런 생각이 들었다.

"사주 하나 풀이해 주시려우?"

"왜 직접 보시지 않고?"

"고수에게 묻는 것이 당연하지 않겠소?"

"생년월일을 말씀해 보세요."

"양력으로 1997년 9월 1일… 그리고 시간은 새벽 1시라고 합디다. 사내아이지요."

S는 만세력을 펼치더니 사주를 뽑아 적으며 말했다.

"음력 1997년 7월 30일이네요. 사주는 정축(丁丑) 무신(戊申) 병오(丙午) 무자(戊子)이고, 대운수는 8, 남양여음(男陽女陰)으로 역행이니까 현재 무신 대운이고요."

사주란 출생한 연월일시를 간지(干支)로 표시한 것이다. 태어난 해의 간지를 연주(年柱), 월을 월주(月柱), 일을 일주(日柱), 시를 시주(時柱)라고 하고, 기둥이 네 개라서 사주(四柱), 모두 여덟 글자이므로 팔자(八字)라고 한다.

사주 풀이는 각 글자가 속한 오행을 기준으로, 생(生: 기운을 북돋움)과 극(剋: 기운을 해침) 그리고 기운이 합쳐 변하거나 또는 충(沖: 서로 부딪힘) 등을 따져서, 격국(格局: 사주의 특성과 틀)과 용신(用神: 사주에 도움을 주는 오행)을 정하고, 대운(大運: 10년마다 바뀌는 운)과 세운(歲運: 매년의 기운)이 어떤 영향을 미치는가를 따져 운명을 추론하는 것이다.

두마는 정축년 무신월 병오일 무자시 생으로, 매 8세에 생의 커다란 흐름인 대운이 바뀌며, 현재는 무신(戊申) 대운으로 무토(戊土)와 신금(申金)의 영향을 받는 운로에 있다는 말이다. 물론 그 해의 운 즉 세운도 고려해야 한다.

"천간에는 병화(丙火)가 생하는 무토(戊土)가 둘이고, 겁재인 정화(丁火)가 투출되어 있는데, 일지와 시지가 충을 했으니… 정화는 뿌리를 내리지 못하고, 오직 무토만이 연지 축(丑)에 뿌리를 내렸군요. 일간 역시 무근하여 나의 체(體)를 버리고 무토를 따르니… 신약(身弱)으로 종아격(

從兒格)에 토금(土金)이 용신이군요."

사주는 태어난 날의 천간(天干)을 중시한다. 두마의 경우, 일간은 병(丙)으로 오행상 화(火)에 속하는데, 자신이 생하는 토(土)와 자신이 극하는 금(金)의 기운을 기뻐하고, 목화(木火)를 꺼리며, 격은 식상(食傷)―앞에 나서기를 좋아하는 성격인데 지나치면 푼수처럼 보이기도 한다―을 위주로 한 종아격이라는 말이다.

"성격은 대략 어떤가요?"
"병화가 무토를 양쪽에 두고 있으니 일출동산(日出東山)이라. 밝은 태양이 산 가운데 높이 떴으니, 세상을 밝게 비추고 만인이 우러러보는군요. 그리고 내가 생하는 세력을 따라가는 종아격이란 식상의 성격이 강한바, 남 앞에 나서길 좋아하니… 한마디로 연예인 기질이 있군요.
성격은 남자다우면서도 붙임성이 있는 편이고, 몸은 대체로 튼튼하지만 간과 신장 계통의 질병에 주의해야 되겠네요. 길한 색은 황색과 흰색이고, 용신이 토와 금이니 1998년부터 2001년까지 좋았고요.
올해는 임오년이니까 비록 관(官)인 수의 기운이 강해 다소의 어려움이 있겠지만, 아직 어려서 그런 영향을 크게 받지는 않을 테고… 내년 계축년 역시 관살이 있긴 하지만 계수가 용신인 무토를 부르니 무계합(戊癸合)이 되어 화로 변하니 괜찮겠네요."

신통하다. 물론 나의 주관적인 해석이겠으나 대략 정도가 아니라 상당히 많이 들어맞는다. 두마는 씩씩하면서도 누구나 좋아하니 붙임성이 있는 것은 당연하고, 노래를 잘하니 연예인 같은 성향이 있다고 볼 수 있지 않은가?

더구나 나와 두마의 용신이 동일하니, 그것이 인연이 되어 토금의 기운이 강한 정축년 무신월에 서로 만날 수 있었을 것이다. 하긴 부자의 인연을 맺는다는 것이 쉬울 수 있나?

"그런데 누구예요? 미혼이시니까 본인 아이는 아닐 테고……."

진지한 표정으로 묻는 그를 보고 차마 내가 키우는 개의 사주를 보았노라고 밝힐 수는 없었다. 처음부터 개의 사주를 보아 달라고 하면, 학문을 하는 입장으로 그다지 기분 좋을 리는 없을 테고, 어쩌면 선입관을 가질 수도 있기에 미리 알리지 않은 것이지만 나는 약간의 죄의식을 느껴 끝내 대답을 회피했다.

그날 저녁 나는 S에게 광어회와 소주를 샀다. 나름 속죄하는 마음과 두마 사주를 본 기념으로.

S와 헤어져 돌아오는 길에 취기로 기분이 한껏 고조된 나는 이렇게 소리치고 싶었다.

"우리나라에서 개 사주 본 사람 있으면 나와 보라고 해!"

점(占)과 역학(易學)은 같으면서도 다르다. 미래를 본다는 점은 같지만, 점은 신과 소통하여 앞날을 보는 것이고, 역학은 학문적으로 미래를 추론하는 것이다.

점은 주로 무속인이 보는데, 근거나 논리는 부족하다. 신의 세계에서 관장하는 때문이다. 반면에 역학─명리학, 기문둔갑, 풍수, 성명학 등─은 학문을 바탕으로 논리적인 추론을 하지만 맞을 확률은 미지수.

Dumas' View

아빠가 내 사주를 보았다면서 묘한 소리를 한다.

"너는 나와 인연이 있단다. 연예인 기질도 있고 말이야. 노래를 잘하니까 맞는 말이지. 그리고 내년엔 좋대."

기왕 볼 거면 나를 데려가지. 혼자서 보고 오면 어떻게 해? 나쁜 건 얘기하지 않을 거 아냐! 사주 볼 돈 있으면 나 맛있는 거나 사주지. 어라, 말장난이네.

현재 일본에서는 애완동물의 사주를 보는 것이 대단히 유행하고 있다고 한다. 감정(鑑定)에 있어 사람의 사주와 크게 다를 것은 없겠지만, 평균수명이 차이가 나므로 10년을 주기로 변화하는 대운을 어떻게 적용해야 할지가 관건이랄 수 있다. 앞서 이야기한 개의 수명 계산법을 적용하자면 너무 복잡해진다. 게다가 다른 동물이라면 더더욱 힘들어질 것이다.

기왕 사주 이야기가 나온 만큼 참고로 개띠들의 특성을 적어 본다. 물론 사주 전체를 가지고 감정해야 옳겠지만 띠만 가지고 풀이한 것인 만큼 맞지 않는 부분도 있을 것이다. 그저 재미 삼아 한 번.

갑술(甲戌) 1934, 1994	아름드리나무가 땅에 든든한 뿌리를 내렸으나, 단풍이 들어 목기(木氣)가 무력해진 형국이다. 즉 덕은 지녔으나 우유부단한 성향이 있으니 매사를 냉정히 처리해야 한다. 경제관념이 뛰어나 사업가로 성공하는 경우가 많다.
병술(丙戌) 1946, 2006	언뜻 화끈한 듯 보이지만 실제로는 무척 조심스런 성격을 지니고 있어, 소극적으로 보이기도 한다. 하지만 심지는 의외로 굳고, 나서지 않아도 모임의 중심이 된다. 종교인 또는 연예인 등이 많다.
무술(戊戌) 1958, 2018	무술은 괴강(魁罡)이라 하여, 성정이 무척 강하다. 오행상 토와 토가 만나 강한 기운을 이루었다고 보는 것이다. 카리스마가 있고, 보스가 되려는 기질이 강해 소꼬리보다 닭 대가리 노릇을 하려는 경향이 있다. 고집이 세고 때로는 흉포한 성향을 보이기도 하여 특히 여자에게 괴강이 있을 경우를 꺼렸는데, 근래에는 여성의 사회 참여가 높아지면서 크게 문제 삼지 않게 되었다. 상업, 제조업 또는 스포츠맨 등이 어울린다. 흔히 '58년 개띠'라고 하는 것은 괴강이 있기 때문이다

경술(庚戌) 1970, 2030,	경술 역시 괴강이다. 오행상 지지의 도가 천간 금을 생하니 성격도 강하고 급하지만 학구적인 성향도 강하다. 카리스마보다는 이지적인 면으로 집단을 이끌어가며, 지나치게 냉정한 면을 보이기도 한다. 경찰 군인, 의사 등의 직종이 어울린다. 58년 개띠 다음으로 유명한 것이 70년 개띠 아닌가!
임술(壬戌) 1982, 2042	총명하며 순발력도 뛰어나지만 제 꾀에 넘어가 낭패를 보기도 한다. 다소 극단적이어서 뜻이 있어도 펼치지 못하기도 하고, 자칫 성정이 괴팍해질 수도 있다. 무엇보다 스스로를 조절하는 능력을 길러야 한다. 공무원이나 샐러리맨 등이 어울린다.

Chapter.14

여행을 떠나요

"푸른 언덕에 ♪ 배낭을 메고 ♬
황금빛 태양 축제를 여는… ♪."
설레는 가슴을 안고 떠나는 여행.
헌데 아쉽게도 나는 배낭을 메진 못한다.

제법 가을 분위기가 나는 10월 중순경, 취재를 위해 2박3일 정도 지방에 다녀올 일이 생겼다. 명목은 취재지만 다소 이른 단풍놀이를 겸한 것이다. 사진작가와 출판사 편집부장 그리고 나까지 세 사람이 떠나기로 했다.

마침 집에서 후배들이 인터넷 홈페이지를 만들고 있던 때라 두마를 돌볼 사람은 있으니 안심하고 다녀올 수 있으리라 여겼다.

헌데 이게 웬 날벼락인가? 여행 전날, 빌딩 관리실에서 연락이 왔다.

"내일부터 건물 보수공사를 하니까 인부들이 옥상으로 출입할 수 있도록 현관을 열어 두세요."

아닌 게 아니라 건물이 지은 지 10년이 넘어서 그런지 장마철이면 군데군데 비가 샜고, 겨울에는 종종 수도가 얼어 난리를 치러야 했다. 아마도 겨울이 오기 전에 손을 보려는 모양이었다.

생활이 편리해지는 것은 좋지만 내겐 무척이나 신경이 쓰이는 일이었다. 인부들은 사다리를 비롯한 각종 공구를 운반하느라고 대개 문을 열어둔 채 출입을 하는 경우가 많다.

늘 기회만 엿보는 두마가 이 틈을 놓치랴? 더구나 만만찮은 가출 경력으로 이미 전과 3범 아닌가. 아무리 후배들이 잘 돌본다고 해도 아빠만 할까? 기분이 영 찜찜해서, 생각 끝에 차량을 제공하기로 한 사진작가에게 전화를 했다.

"아, 선배! 무슨 일이에요?"

"내일 떠나기로 했잖아. 그런데 문제가 생겼어."

"무슨 문제요? 가지 못하는 건가요?"

"아냐, 내일부터 건물 보수공사를 한대. 두마를 두고 가기가 힘들어서."

내가 사정을 설명하자, 수화기 너머로 맥 빠진 음성이 들려왔다.

"그러면… 두마를 데리고 가잔 말인가요?"

"응. 그랬으면 해서…."

잠시 침묵이 흘렀다. 하지만 후배인 사진작가는 내가 두마를 얼마나 소중히 여기는가를 익히 알고 있기 때문에 자의 반 타의 반으로 수락을 하며, 출판사 편집부장은 나보고 설득하라고 했다.

우여곡절 끝에 사람 셋과 개 한 마리의 여행이 시작되었다. 본래는 나도 예비기사였지만, 두마를 돌봐야 하므로 뒷자리에 앉아 있어야 했다.

취재는 순조로웠지만 숙소가 문제였다. 집처럼 두마를 데리고 잘 수 있는 곳을 찾기가 무척 곤란한 때문이었다.

한참을 헤맨 끝에 간신히 적당한 숙소를 찾을 수 있었다. 방갈로 비슷한 곳으로 방마다 멀리 떨어져 있기 때문에 주인 눈에만 띄지 않으면 괜찮을 듯싶었다.

숙소를 정한 우리는 밤이 되자 몰래 두마를 데리고 들어가 화장실 앞에 묶어 놓고 그럭저럭 편한(?) 밤을 보냈다.

하루는 무사히 넘겼지만 또 하루가 문제였다. 어제는 교외에서 방갈로 비슷한 곳에 묵을 수 있었지만, 오늘은 시내이기에 마땅한 곳을 찾을 수가 없었다. 그렇다고 다시 교외로 나갈 수도 없어 결국 작은 모텔을 숙소로 정하고 두마는 차안에 두기로 했다.

나는 녀석이 걱정되어 밤에도 여러 차례 나와 살펴보아야 했고, 난생 처음 그것도 차안에서 혼자 지내야 했던 두마 역시 답답했던지 나를 보기만 하면 '낑낑-!'하고 우는소리를 냈다.

어쨌거나 별 탈 없이 여행을 마치고 돌아온 이틀 후, 사진작가로부터 전화가 왔다.

"세차비 청구할 거예요."

"무슨 세차비?"

"차가 온통 개털투성이란 말예요. 집사람하고 애들 태우고 외식을 하러 갔는데… 작은놈이 계속 기침을 하는 거예요. 그리고 차에서 내리니까 마누라 옷에 온통 두마 털이 묻어 있더라고요. 그래서 무려 2만 원이나 들여서 세차를 했는데, 아직도 남아 있는 것 같아요. 나도 기침이 나오거든요."

이제야 알았는가? 두마의 엄청난 내공을.

오늘날 개의 삶은 '비교 체험 극과 극'-과거에 같은 이름의 TV 프로그램이 있었다-이다. 시골에 사는 개는 평생 마루 한 번 밟아 보지 못하고 흙에서 태어나 흙으로 돌아가는가 하면, 아파트에서 생활하며 산책도 포장도로에서만 하므로 발에 흙 한 번 묻히지 않고 지내는 개도 있다.

물론 개 팔자에 따라 차이가 있겠지만, 과거에는 개를 집안에서 키우는 경우가 드물었다. 집안에서 개를 키우기 시작한 것은 서구의 영향이다.

이처럼 개에 대한 생각도 동서양은 분명 차이가 있는 듯싶다. 과학적이고 합리적인 사고를 하는 서양인들은 개를 무척 아끼긴 해도 결코 생명을 가진 애완동물 이상으로는 보지 않는 것 같다. 물론 예외는 있겠지만, 동물과 사람의 잠자리는 엄연히 구별되는 것만 보아도 그렇다.

미국에 관광을 간 동양인 7명이 호텔 특실을 얻었다. 더블 침대에 두
명, 소파에 한 명 그리고 나머지 넷은 바닥에서 잤는데, 다음날 아침, 웨
이터가 고개를 갸우뚱하며 묻더란다.

"네 분은 어디서 주무셨어요?"

"바닥에 담요 깔고요."

"바닥에서요? 거긴 개나 자는 곳인데요?"

침대 생활을 하는 그들에게 사람이 바닥에서 잔다는 것이 이해가 되지
않을 수도 있지만, 미국에서는 개의 영역과 사람의 영역은 철저히 분리되
어 있음을 알 수 있다.

사료 역시 인간과 개를 구분하려는 서양에서 개발되었다. 과거 우리나
라에서 개에게는 먹다 남은 밥을 주지 않았는가? 겉보기에는 함부로 대
하는 것 같지만, 적어도 한솥밥을 먹는 식구로 인정했다는 것이다.

옛날 우리나라 할머니들은 집에서 키우는 개를 그토록 구박하다가도,
죽을 때가 되면 개장사에게 팔았다. 미운 정 고운 정이 든 개가 죽는 모습
을 보지 않으려는 것도 있지만, 다른 사람들이 영양을 보충하도록 하려는
배려(?)이기도 했다.

그리고 개를 판 돈으로는 꼭 놋그릇을 샀다. 그래야 개의 영혼이 좋은
곳으로 간다고 생각한 때문이다. 작은 일이지만 드러내지 않는 애틋한 정
을 느낄 수 있다.

인간과 가장 가까운 개를 의인화한 작품도 많다. 일본에는 어린 영주에게 검술을 가르쳤다는 전설적인 존재로 이치호겐(鬼一法眼)과 동일시되는 '구라마뎅구(鞍馬天狗)'에 대한 이야기가 전하며, 유전자 변이로 초능력을 가지게 된 개를 주인공으로 한 SF만화 「견신(犬神)/ 호카조노 마사야(外薗昌也)」도 있다. 이처럼 동양은 사람과 친숙한 개를 인격화하기도 하고, 때로는 초월적 존재로 묘사하기도 한다.

개에 대한 우리 선조들의 관심과 해학(諧謔)을 엿볼 수 있는 말도 적지 않은데, 대표적인 것이 '당구삼년폐풍월(堂狗三年吠風月: 서당 개 3년이면 풍월을 읊는다)'과 견공오륜(犬公五倫)이다.

견공오륜은 개에게 공(公)을 붙여 인격화하고, 유교의 규범인 삼강오륜, 즉 군위신강(君爲臣綱), 부위자강(父爲子綱), 부위부강(夫爲婦綱)의 삼강과 부자유친, 군신유의, 부부유별, 장유유서, 붕우유신의 오륜에 빗대어 표현한 것이다.

부자유친(父子有親) 아버지와 아들은 가깝다.	부색자색(父色子色) 아들은 아비의 색을 닮는다.
군신유의(君臣有義) 임금과 신하는 의리를 지킨다.	불범기주(不犯其主) 감히 주인을 넘보지 않는다.
부부유별(夫婦有別) 남편과 아내는 구별이 있다.	유시유정(有時有情) 시시때때로 사랑을 나눈다.
장유유서(長幼有序) 나이에 따라 순서가 있다.	불범기장(不犯其長) 어른에게 대들지 않는다.
붕우유신(朋友有信) 친구 간에는 믿음이 있다.	일폐군폐(一吠群吠) 한 마리가 짖으면 모두 따라 짖는다.

개와 관련된 추리소설

「얼어붙은 송곳니(凍える牙/ 노나미 아사(乃南アサ), 1996)」

제115회 나오키상 수상작. 복수를 위해 훈련시킨 늑대개 '질풍(疾風)'이 주인이 죽고 난 후에도 계속 범행을 한다는 내용의 스릴러. 2001년에는 아마미 유키 주연으로, 2010년에는 기무라 요시노 주연으로 각각 드라마로 만들어졌으며, 2012년에는 한국에서 「하울링(감독 유하/ 출연 송강호, 이나영)」이라는 제목으로 영화화되었다.

「명탐견 마사의 사건일지(心とろかすような/ 미야베 미유키(宮部みゆき), 1997)」

은퇴한 경찰견 마사가 사립탐정 사무소에 인계되어 겪는 여러 가지 사건을 재미있게 풀어냈다.

「한밤중에 개에게 일어난 의문의 사건》(The Curious Incident of the Dog in the Night-Time)/ 마크 해던, 2003)」

수학과 물리에는 뛰어나지만, 자폐증이 있는 주인공이 이웃집 할머니가 기르는 개가 죽은 사건을 조사하다가 헤어진 엄마도 만나게 되는 홈 미스터리.

고양이와 관련된 추리소설

「삼색털 고양이 홈즈 시리즈(三毛猫ホームズシリーズ/ 아카가와 지로(赤川次郎)」

국내에는 「얼룩고양이 홈즈의 추리 시리즈」로 1997년에 처음 소개되었다. 2012년 4월 일본 NTV가 11부작으로 만들어 방영하기도 했다

Chapter.15

Do You know Gaegeurin Bus?

"세상에서 가장 빠른 새는 눈 깜빡할 새."
"그러면 세상에서 가장 빨리 달리는 개는?"

아마 1960년대 말쯤일 것이다. 우리나라 연예인들이 해외동포를 위문하기 위해 미국으로 공연을 갔다. 해외여행이 자유롭지 않던 시절이었던 만큼 외국 그것도 세계에서 가장 잘산다는 미국을 다녀온 이야기는 방송가에서조차 화제였다.

미국 공연을 다녀온 연예인이 출연하면 MC들은 미국은 어떤지 물었고, 연예인은 간략한 설명과 자신이나 동료가 겪은 에피소드를 이야기했다. 그 가운데 지금은 작고한 코미디언 곽규석(郭圭錫)의 일화가 한동안 회자되었다.

곽규석은 당대를 풍미한 코미디언 겸 MC로 영어, 일어, 중국어에 능통(?)했다. 그는 '후라이보이'–요즘이라면 '플라이보이'(Fly Boy), 공군연예대에서 활동을 시작해서 '날아다니는 소년'('비행소년?'이라니 이상하다). 또는 거짓말을 뜻하는 '후라이'에서 비롯된 것으로 소위 '뻥쟁이'라는 말도 있다–라는 예명을 썼는데, 막둥이 구봉서와 콤비를 이뤄 1970년대 코미디를 이끌었다.

1970년대 중반에 하용조, 윤복희, 구봉서 등과 함께 연예인교회를 세우기도 했고, 미국으로 건너가 신학 공부를 하여 1984년에 침례교회 목사 안수를 받았다.

뉴욕인지 로스앤젤레스인지 확실하지는 않지만, 공연을 마친 곽규석은 지인을 만나기 위해 다른 주에 가려고 했다. 미국도 오늘날처럼 교통수단이 발달하지는 않은 때라 렌터카는 꿈도 못 꾸고 고속버스를 이용해야 했다.

그를 고속버스 터미널까지 데려다 준 재미동포가 교통편을 알려 주었다.

"그레이하운드 버스를 타세요!"

그레이하운드(Grayhound)는 하운드, 즉 사냥개인데 몸이 회색이어서 붙은 이름이다. 시속 60km로 개 가운데 가장 빨리 달리므로, 오늘날에는 개 경주에 사용되고 있다.

빠르다는 특성에 착안하여 미국 고속버스 회사가 브랜드로 사용했는데, 미국은 워낙 땅이 넓어 장시간 운행하는 터라 버스지만 차내에 화장실도 있었다. 1970년대 초반 우리나라에서도 중고 몇 대를 들여와 운행하기도 했다. 당시 우리나라 고속버스에는 안내양도 있었는데, 일반버스 차장과 비행기 스튜어디스의 중간쯤 되는 대우를 받았다.

"그레이… 하… 뭐라고?"

"그레이하운드요. 그 회사 상표가 그레이하운드라는 개거든요. 그러니까 개가 그려진 버스를 타시면 돼요."

동포와 헤어져 터미널 안으로 들어간 후라이보이는 수많은 버스를 보니 갑자기 아까 들었던 버스 이름이 생각나지 않았다.

"가만 있자! 버스 이름이 뭐랬더라? 그, 그레… 아, 맞다. 개 그린 버스라고 했지."

하지만 터미널이 너무 넓어서 도저히 찾기가 힘들었다. 그는 용기를 내어 제복을 입은 관리인으로 보이는 이에게 물었다.

"Do You Know Gaegeurin Bus?"

"What?"

"Where Can I Find Gaegeurin Bus?"

"Gaegeurin Bus? Here's No Bus Named Gaegeurin!"

그는 만나는 사람마다 '개그린 버스를 아느냐?'고 물었고, 한참을 헤매다가 운 좋게 개가 그려진 버스를 보고 '맞다, 저거야!'라며 버스를 탔다고 한다.

그레이하운드 로고〈사진 위키백과〉

비슷한 시기에 미국으로 이민을 갔던 한국인이 대형마트에 갔다가, 개 사진이 붙은 통조림을 보고 "야, 역시 미국은 좋은 나라야. 개고기 통조림도 있네"라며 사서 먹었는데, 실은 개 사료였다고 한다. 당시 우리나라 사람으로서는 개를 위한 통조림이 있다는 것을 상상할 수 없었기에 벌어진 해프닝이리라.

중국 조선족자치주에는 진짜 개고기가 들어간 라면도 있고, 전갈라면처럼 독특한 것도 있다고 한다. 닭이 들어가면 '치킨라면'인데, 개가 들어갔으니 '도그라면', 전갈이 들어갔으면 '스콜피온 라면'일까?

개고기라면은 2010년 발표된 '반(反)동물학대법'이 발효되면 사라질 것으로 보인다.

한국의 견종(犬種)은 어떤 것이 있을까? 삽살개(천연기념물 제368호), 진돗개(천
연기념물 제53호), 풍산개(천연기념물 제128호로 지정되었으나 1962년 해제)가 대표
적이며, 2010년 10월 10일 동경이(=댕견, 천연기념물 제540호)가 4호 토종견으로 추
가 등록되었다.

체구가 작지만 날쌘 잡종을 흔히 '발바리'라고 하는데, 이는 페키니즈, 시추, 코카
스파니엘 등 체구가 작은 견종을 가리키는 말이며, 여기저기 빨빨거리며 다니는 사
람을 지칭하기도 한다.

발발이는 과거에도 있었지만, 6.25 이후 대량 유입된 외국 견종과 한국 견종 사이
에서 태어난 새로운 잡종도 상당히 많았을 것으로 여겨진다.

Chapter.16

애완동물 카페

"애견 카페의 주인은 사람이지만,
주인공은 당연히 개!
자신의 개를 데리고 오는 이도 있고,
개를 구경하러 오는 이도 많다."

우리나라 애완동물 인구가 1천만 명에 이른다고 한다. 이에 따라 동물병원을 비롯해서 애완견 호텔, 애완견 카페 그리고 애완견을 데리고 휴양을 할 수 있는 리조트 호텔까지 성업 중이라고 한다.

마침 동네인 H대 근처에도 애완견 카페가 생겼다는 소문을 듣고 호기심이 생겼다. 과연 두마는 그곳에 가면 어떤 행동을 할지?

한가한 시간을 잡아 두마를 데리고 애완동물 카페에 갔다. 이례적인 외출이었기에 녀석은 신이 나서 앞장섰다. 늘 느끼는 바지만 두마는 체구에 비해서 끄는 힘이 세다. 시베리안 허스키가 썰매를 끌게 된 것도 이처럼 튼튼한 체력과 무작정 달리려는 '질주 본능'이 있기 때문이다.

H대 근처의 카페촌은 강남 압구정동의 로데오 거리처럼 피카소 거리라는 이름을 가지고 있다. 그만큼 멋진 카페가 많은데, 어느 곳보다 간판 디자인이 아름다우며 또한 색다른 특색이 있는 업소도 많다.

애완동물 카페가 아니면서도 동물을 키우는 곳이 몇 군데 있는데, 한 곳에서는 페르시안 고양이를 키우고, 다른 곳에서는 검은 색의 자이언트 슈나우저 수놈과 골든 레트리버 암놈을 키운다. 나도 한두 번 가보았는데, 덩치가 곰처럼 큰 녀석이 어슬렁거리며 다가와 애교를 부리는 모습이 인상에 남았다.

새로 생긴 애완동물 카페는 쉽게 찾을 수 있었다. 간판에 개 그림이 그려져 있으니 말이다. 카페 문 앞에는 좁고 긴 통로가 있고, 허리보다 약간 낮은 높이의 걸쇠가 달린 문이 또 있었다. 아마도 갑자기 뛰쳐나오는 개를 막기 위한 것이리라.

안에 들어서니 무엇보다 창문이 커서 채광이 좋은 공간에 놓인 노란 색

소파가 눈에 들어온다. 은은한 조명으로 무드를 잡는 보통 카페와는 달리 밝은 느낌을 주었고, 인테리어도 소박했다. 카운터는 여느 곳과 다름없었지만, 옆에 개목걸이와 개사료 등 애견용품이 진열되어 있는 것이 특색이었다.

또 다른 특징은 종업원들이 항상 걸레와 세제가 담긴 분무기를 들고 다닌다는 점이었다. 개가 바닥에 실례라도 하면 즉시 달려와 숙달된 솜씨로 오물을 치우고 청소를 한 뒤, 방향제를 뿌려 냄새를 없앴다.

하지만 무엇보다 중요한 것은 역시 주인공인 개. 다양한 종이 눈길을 끌었다. 흔히 애완견 카페라면 자신의 개를 데리고 가는 곳으로만 알고 있는데, 절대 그렇지 않다. 도시생활의 특성상 개 특히 대형견을 키울 수 있는 조건을 갖춘 사람은 많지 않기에, 오히려 개를 구경하러 오는 경우가 많다고 한다.

카페에는 스위스산 양치기개인 버니즈마운틴독을 비롯해 콜리 등의 대형견과 슈나우저, 마르티스 같은 소형견 그리고 두마와 같은 시베리안 허스키도 있었다. 카페에 있는 녀석은 시베리안 허스키로서는 드문 장모종으로, 황갈색 털은 길었고, 눈은 노란색이었다.

두마가 다른 개를 만난 것은 동물병원에서나 또는 산책을 할 때뿐이었고 또한 대부분 소형견이었다. 두마가 호의를 보여도 작은 개들은 겁에 질려 짖어대는 경우가 많았다.

과연 체구가 비슷한 중대형견을 만났을 때 녀석은 어떻게 행동할까? 궁금하기도 하면서 한편으로는 걱정되기도 했다.

잠시 냄새를 맡던 철없는 두마는 나름대로 상대를 골랐는지 슬며시 실버라는 이름의 버니즈마운틴독에게로 다가갔다.

"안녕!"

"인사를 하니 받겠다만… 넌 누군데 나한테 인사를 하는 거야?"

"난 두마라고 해. 아빠하고 놀러 왔어."

"그런데?"

"친해 보자고…….''

"관심 없으니까 딴 데 가서 알아 봐!"

"좀 심한 거 아니니?"

"여긴 하루에도 너 같은 녀석이 여럿 찾아와. 일일이 상대하기 귀찮아."

대충 이런 대화가 오갔으리라. 갑자기 실버가 낮게 짖었다. 크지는 않아도 위협적인 짖음이었다. 두마는 머쓱한 표정으로 꼬리를 내리고 돌아섰고, 실버는 지정석이라는 창가의 소파로 가서 앉아 밖을 내다보기 시작했다.

주인의 말에 의하면 실버는 카페의 짱이며, 창가에 있다가 바깥에서 빠른 속도로 달려가는 물체—주로 오토바이—를 보면 마구 짖어댄다고 했다.

운 나쁘게도 하필 가장 강한 상대를 골랐으니… 1차전은 완전히 두마의 판정패였다.

두마가 두 번째로 관심을 보인 것은 동족인 황갈색 시베리안 허스키였다. 털 색깔 때문인지 두마와는 전혀 느낌이 다른 녀석은 엎드린 채 장난감 공을 물어뜯는 중이었다.

"안녕! 너 장발족이구나. 그런데 뭐하니?"

"보면 몰라? 공 갖고 놀고 있잖아."

"맛있니?"

"공은 먹는 게 아니라 가지고 노는 거야."

"별로 재미있어 보이진 않는걸."

"남의 취미생활 방해하지 말고 네 볼일이나 봐."

서 있는 두마가 엎드린 장발을 내려다보는 형국이었지만, 내가 보기에
도 두마가 약간 꿀리는 것 같았다. 장발의 날카로운 눈빛 때문이었을까?

상대해 주는 개가 없자 두마는 내 곁으로 돌아와 털썩 주저앉았다. 턱
과 배를 바닥에 붙인 맥 빠진 자세와 나른한 시선은 내가 가끔 산책을 하
다가 포장마차 같은 데 들러 소주 한 잔 마실 때면 보이는 '반쯤 포기한 모
습'과 다름없었다. 지고 이기고가 문제가 아니었다. 녀석은 흥미를 갖지
못한 것이었다.

개 사이에서 자란 개는 당연히 개의 생활과 놀이에 흥미를 갖지만, 사람과 함께 생활한 개는 그렇지 않다. 개 사회에 대한 적응력이 부족할 수밖에 없다. 게다가 그로 인해 상처를 입지도 않는다. 결국 두마의 애완견 카페 나들이는 완전 실패였다. 재미없는 곳에 데리고 갔으니까.

그 해 겨울, 두마와 함께가 아니라 혼자서 다른 애완견 카페에 간 적이 있다. 친구와 만나기로 약속을 했다가, 차가 밀려 조금 늦겠다는 연락을 받고 몸을 녹일 곳을 찾아 들어간 곳이 우연히도 애완견 카페였다. 내가 가보았던 동네 애완견 카페보다 훨씬 크고 개도 많았지만, 그다지 유쾌하진 못했다. 개가 모두 피곤해 보였기 때문이다.

하기야 하루 종일 손님들이 끊임없이 찾아오니, 한 사람이 한 번씩만 쓰다듬더라도 수백 번이 아닌가? 지친 애완견들은 쉬고 싶을 뿐 사람들이 관심을 보이는 것을 오히려 귀찮아하는 듯했다.

모름지기 사람이든 개든 자유로워야 한다. 그래서 묶어 놓고 키우는 개는 아주 사나워지거나 아니면 대단한 겁쟁이가 된다. 비록 안락한 카페에서 지내며 맛난 음식을 먹는다지만, 온종일 사람에게 시달려야 하는 개는 보이지 않는 목줄에 묶여 사는 것과 다름이 없을 것이다.

이 글을 보면 두마는 전혀 싸움을 하지 못한다고 생각하기 쉽다. 솔직히 두마의 전투력은 나도 감 잡을 수가 없다. 게다가 시베리안 허스키는 워킹 그룹(Working Group) 즉 사역견이지 투견이 아니다.

무엇보다 싸움의 승패는 성격이 많은 부분을 좌우한다고 해도 과언은 아니다. 시베리안 허스키 특히 두마에게는 이 같은 의지가 부족해 보인다. 그러나 체력과 날렵함을 감안하면 결코 만만한 상대는 아닐 것이다. 늑대와 마주해도 절대 물러서지 않는다고 하지 않던가.

두마가 다른 개에게 맹수처럼 하얗고 날카로운 이를 번득이며 적의를 보인 적이 딱 한 번 있다. 두마가 4개월 정도 되었을 즈음의 일이다.

두마가 달려가다가 나를 찾아온 친구의 차에 부딪친 적이 있다. 병원에 가보니 다리뼈에 살짝 금이 갔다고 해서 깁스를 했다.

보름 정도가 지나 상태를 알아보려고 두마를 안고 동물병원에 갔는데, 근처 카페에서 기르는 자이언트 슈나우저와 골든 레트리버가 먼저 와 있었다.

수의사는 진찰 중이었고, 병원이 그다지 넓지 않았기에 나는 들어갈까 말까 망설이고 있었다. 두마를 안고 있는 나를 발견한 수의사가 문을 반쯤 열고 말했다.

"지금 진료 중이니까 급하지 않으면 나중에 오세요."

내가 몸을 돌리려는 찰나, 진료대 근처에 있던 자이언트 슈나우저가 문을 박차고 달려 나와 두마에게 덤벼들었다. 내 품에 안겨 있던 두마 역시 코에 주름을 잡고 날카로운 이를 보이며 '으르르-!'하며 낮게 울부짖었다. 정말이지 완전한 늑대의 표정이었다. 짧은 동안이지만 녀석의 야성이 폭발한 듯했다.

다행히도 수의사와 주인이 화급히 달려 나와 자이언트 슈나우저를 잡았고, 나도 재빨리 몸을 피했기에 더 이상의 일은 일어나지 않았다.

물론 실제로 싸운다면 시베리안 허스키는 자이언트 슈나우저의 상대

가 되지 않을 것이다. 우선 체급부터가 다른 때문이다. 시베리안 허스키
는 비교적 큰 놈도 40㎏이 조금 넘을 뿐이지만 자이언트 슈나우저는 체고
70㎝에, 60㎏가 넘는 대형견으로 뒷다리로만 일어서면 성인의 키와 거의
비슷한 정도이다.

그럼에도 내가 두마의 전투력도 만만치 않을 것이라 생각한 까닭은 자
이언트 슈나우저가 두마를 '상대'로 인정했다는 사실 때문이다.

당시 동물병원에는 소형견이 많았지만 자이언트 슈나우저는 그들을 무
시했다. 또한 두마가 4개월 정도 되었을 무렵이니까 10㎏가 갓 넘었을 정
도로 소형견보다 그리 크지 않았을 때였다. 더구나 두마는 내 품에 안겨
있었다.

이렇듯 외견상 소형견과 차이가 없었음에도 불구하고 자이언트 슈나우
저가 선제공격을 했다는 것은 적어도 상대로 인정했기 때문이리라. '저 녀
석이 크면 만만치 않을 거야. 미리 밟아 두어야겠군'이라고 생각했을까?

투견이나 경비견이 아닌 이상 개가 싸움을 잘하고 못하고는 상관이 없
다. 하지만 자식이 어디 가서 맞고 들어오는 것을 좋아할 부모는 없다. 나
는 자위(自慰)하듯 두마에게 이렇게 말했다.

"두마야! 너 싸움 못하는 게 아니라 평화를 사랑하는 거지-?"

개에게 주어서는 안 되는 음식

1. 술, 알코올음료

2. 양파, 파, 마늘

3. 닭뼈 등 조류의 뼈, 돼지뼈, 소뼈, 생선뼈

4. 감귤류 오일 추출물

5. 포도 및 건포도

6. 초콜릿, 코코아

7. 호두, 잣 등 견과류

8. 우유 및 아이스크림, 요구르트, 치즈 등 유제품

9. 카페인이 들어 있는 커피 및 차, 음료

10. 버섯

11. 씨 있는 과일

12. 소금, 후추, 고춧가루, 식초 등의 양념류와 향신료

13. 설탕이 포함된 음식, 과자나 사탕

14. 쥐포, 오징어, 문어 등

Chapter.17

좋아하는 것, 싫어하는 것

"Love & Hate! Pros and Cons! Pride and Prejudice!"

두마에게는 과연 어떤 삶이 행복할까? 살을 에는 듯한 찬바람이 쌩쌩 몰아치는 시베리아 벌판에서 썰매를 끌며 달리는 것이 행복할까 아니면 비록 본능을 맘껏 발휘하지는 못하지만 때로는 아랫목도 즐기고, 얼어서 딱딱해진 고깃덩이가 아니라 맛있는 소스를 듬뿍 바른 햄버거나 매콤한 라면을 먹는 현재의 삶이 행복할까?

이는 관점의 문제다. 비록 애완견에게 어떤 삶을 살 것인가 하는 선택의 여지는 없지만, 어느 쪽이거나 나름대로의 행복과 그만큼의 불만을 느낄 것이다. 삶의 질은 대부분 주인에 의해 좌우되지만 말이다.

녀석은 중형견임에도 음식 타박을 한다. 소위 입맛이 무척이나 까다롭다. 소시지는 먹지 않고 햄은 먹는다. 특히 개사료는 그런 대로 먹지만, 개 통조림만 주면 고개를 돌려버린다.

식성이 너무도 까다롭기에 적당한 사료를 구하려고 동물병원에 갔다.

"값이 좀 비싸기는 하지만 이 통조림을 먹여 보세요. 식성이 까다롭다는 소형애완견들도 잘 먹거든요."

수의사가 권하는 대로 통조림을 가져와 밥그릇에 부어 주었는데, 녀석은 냄새를 한 번 맡더니 고개를 휙 돌렸다.

정말 먹지 못할 정도인가 하는 생각에 나도 먹어 보았다. 아마도 애완견을 키우는 사람이라면 한두 번쯤은 개 사료를 먹어 보았을 것이다. 그런데 냄새만 괜찮을 뿐 무미(無味)였다. 조미를 전혀 하지 않은 때문이다.

사료는 편리하고 개의 건강에는 좋을지 몰라도, 정서적인 면, 즉 입맛이나 다양성 등을 충족시키지는 못한다. 물론 사료 이외의 음식을 주면 배설물의 냄새도 심해지고, 사료를 잘 먹으려 들지 않게 되므로 주인이 무척 귀찮아진다.

어떻게 할지는 순전히 주인의 선택이다. 배달 온 피자를 먹을 때 옆에서 침을 뚝뚝 흘리고 있는 개를 못 본 체할 것인가 아니면 건강에는 썩 좋지 않더라도 피자를 줌으로써 새로운 기쁨을 느끼게 할 것인가? 나는 후자를 택했다.

두마는 식성이 까다로운 만큼 식사 때면 한바탕 난리를 치를 수밖에 없다. 사료에 닭국물을 부어 주기도 하고, 볶음밥 소스로 비벼 주기도 한다. 마치 3~4살짜리 아이 밥 먹이는 것과 똑같다.

언젠가는 얄미운 생각이 들어 입을 벌리고 억지로 사료를 한 줌 부어 넣었다. 녀석은 즉시 마치 분수처럼 뱉어냈다.

"푸웃–! 깽–!"

얄미운 생각이 들어 엉덩이를 한 차례 갈기고는 다시 사료를 억지로 물렸더니 녀석의 표정이 가관이다. 먹기는 싫고, 뱉자니 얻어맞을 것이고… 고민의 빛이 역력했다.

모른 체하고 곁눈질로 보고 있자니 슬금슬금 밥그릇으로 다가가서는 조심스레 사료를 뱉는 것이 아닌가? 딴에는 완전범죄를 한다고 했건만… 불쌍한 두마여! 아빠의 직업이 추리작가라는 것을 몰랐더냐?

그날 나는 녀석이 뱉은 사료를 억지로 먹였다. 그 후로 녀석은 입에 억지로 넣어 주는 것은 뱉지 않는다. 그렇다고 매일 밥을 그렇게 먹일 수는 없는 일이다. 하지만 이 같은 훈련도 딱 한 가지 편할 때가 있다. 약 먹일 때다.

Tip

시베리안 허스키의 장점

1. 모든 연령층의 사람들과 친숙하다.

2. 처음 보는 방문자도 환영한다.

3. 성격이 정직하고 몸이 튼튼하다.

4. 집단생활을 좋아한다.

5. 나이가 들어도 어려 보인다.

6. 여행의 훌륭한 동반자로서 새로운 광경과 소리에 당황하지 않는다.

7. 영리하고 활발하며 태평하고 정이 많다.

8. 깨끗하고 냄새가 거의 없어서 알레르기가 있는 사람도 견딜 수 있다.

9. 비교적 조용하다. 거의 짖지 않지만 종종 늑대처럼 울부짖는데, 그것은 일종의 놀이이다.

10. 같은 크기의 다른 종의 개보다 적은 사료로도 충분하다.

11. 다른 개와 잘 지낸다. 그러나 도전한다면 받아들인다.

시베리안 허스키의 단점

1. 한 사람만의 개가 될 수 없다. 그래서 충성심이 부족해 보일 수 있다.

2. 경비견 또는 호신견으로서는 부적합하다. 도둑이 들어오면 함께 놀자고 할 것이다.

3. 달리고 싶어 하는 강한 본능 때문에 풀어 놓으면 차에 치일 위험이 높다.

4. 주인이 불러도 잘 되돌아오지 않는다. 주인이 자기를 잡을 수 없다는 것을 알기 때문에 되돌아갈지는 스스로 결정한다.

5. 독립적이고 자기 의지가 강해서 훈련에 잘 복종하지 않는다.

6. 예민하고 효과적인 사냥꾼이다. 함께 기른 고양이는 동료로 받아들이지만, 다른 동물은 장난감이나 먹이로 여긴다.

7. 다른 개들도 마찬가지지만 건강과 활력을 유지하기 위해선 운동이 필요하다.

8. 어릴 때 혼자 오랫동안 놔두는 것은 매우 해로울 수 있다.

9. 개집에 가둬 두기만 하면 사회성이 몸에 배지 않을뿐더러 신경질적이고 내성적이 된다.

10. 외로움을 많이 타서 사람이든 개든 늘 동료를 필요로 한다.

11. 시베리안 허스키가 행복하게 날뛰는 한 마당이 산뜻하길 바랄 순 없다.

12. 한 해에 2번 털갈이를 한다. 특히 봄에는 빠지는 털의 양이 엄청나다.

13. 특정한 약, 특히 마취제, 정온제, 진정제 등에 민감하다. 상대적으로 대사 수준이 낮고, 체지방이 적기 때문이다. 또한 무성한 털로 인해 수의사들이 시베리

안 허스키의 체중을 잘못 짐작하고 과량의 약을 투여할 수도 있다.

두마가 좋아하는 것

1. 스팸, 치즈, 피자, 갓 구워서 식힌 삼겹살, 라면, 짜장면, 깻잎(다른 야채는 먹지
   않는데 유독 깻잎만은 잘 먹는다. 다음에는 쌈을 싸줘야겠다).

2. 무작정 달리기(본능이니까), 고양이 쫓아가기, 커다란 바퀴벌레 잡기

3. 전선 위에 앉아 있는 새 구경하기, 널어둔 빨래 물어서 끌어내리기

4. 방석 물고 뒤에서 덤벼들기(마치 레슬링을 하는 것 같다).

5. 낮잠 자기, 요를 깔면 먼저 드러눕기

6. 노래 부르기(하모니카 반주가 최고)

7. 자기 꼬리 물려고 빙빙 돌기

8. 던진 공 물어 오기(5번 이상이면 흥미를 잃는다).

8. 모직양복 입은 사람에게 다가가서 털 묻히기

10. 외출(심해지면 가출)

11. TV 보기(동물 관련 프로그램)

두마가 싫어하는 것

1. 아무 것도 섞지 않은 순수한 사료.

2. 고기가 붙어 있지 않은 갈비뼈(뼈는 가지고 노는 것이지 먹는 게 아니다).

3. 혼자 남겨 두고 아빠가 외출하는 것, 산책 나갔다가 금방 돌아오는 것

4. 포장마차에서 술 마시는 아빠 기다리기

5. 얼굴에 뿜어대는 담배 연기, 벌서기

6. 진공청소기(청소하다가 녀석의 몸에다 갖다 대면 으르릉댄다).

7. 꼬리 잡히는 것(대개의 동물은 후방공격에 예민하다).

8. 털 빗기, 목욕.

Dumas' View

아빠의 방에는 커다랗고 네모난 유리상자가 둘이나 있다. 하나는 텔레비전이고, 다른 하나는 컴퓨터라나 뭐라나.

아빠는 그 앞에서 종종 시간을 보내는데, 그 녀석은 정말 희한하다. 도무지 움직이는 것을 보지 못했으니 아마도 무척이나 게으른 녀석임에 틀림없다.

녀석은 아침에는 잠을 자는지 온통 검은 색이었다가, 오후가 되어 깨어나면 얼굴 전부를 차지하는 네모진 눈을 통해 온갖 광경을 보여 준다. 주로 아빠와 같은 종(種)인 사람들이 나와서 웃고 떠들고 때로는 노래도 하고 춤을 추는 모습인데, 사람들은 왜 그렇게 야단스러운지 모르겠다. 게다가 조금 전에 한쪽에서 그토록 서럽게 울던 여자가 다른 쪽에서는 깔깔대며 호들갑을 떠니 정말 종잡을 수가 없다. 어찌 그리 감정이 쉽게 변할 수 있단 말인가?

네모의 눈을 통해 보이는 사람 중에 비교적 점잖은 이가 전혀 없는 것은 아니다. 정장을 하고 대개 저녁 9시부터 한 시간 이상 변함없는 자세로 앉아 말을 하는 남녀가 있는데, 재미는 없지만 그래도 야단스럽지 않아 마음에 든다. 그 사람들 이름은 아마도 '뉴스'라고 하는 것 같았다.

하지만 내가 사람이나 그들이 하는 일에 무슨 관심이 있겠는가? 「동물농장」이나 「동물의 왕국」 등이 내가 즐기는 프로그램이다. 멀리서나마 동료들 사는 모습을 볼 수 있기 때문이다. 물론 그 중에는 약한 짐승을 괴롭히는 약간 불량스런 녀석들도 있지만 다 먹고살기 위해서이니 어쩌랴.

위층 아빠의 작업실에는 거실에 있는 것보다 조금 작은 유리상자가 있다. 녀석은 큰 네모보다는 부지런한지 눈을 뜨고 있는 적이 많고, 아빠도 그 앞에 앉아 있는 시간이 많다.

아빠는 양쪽 손가락을 마치 독수리처럼 세워 상에 놓인 하얀 판을 토닥토닥 두드리기도 하고, 때로는 쥐 모양의 둥근 물건을 잡은 채 몇 시간씩 앉아 있는 경우도 있다.

아빠가 나와 놀아 주지도 않고 심각한 표정으로 담배 연기를 내뿜으며 작은 네모 앞에 앉아 있을 때, 상자 안을 들여다보면 아주 조그맣고 괴상하게 생긴 것들이 달려가기도 하고 총을 쏘며 싸우기도 하는 등 요란을 떤다. 아빠는 그걸 '게임'이라고 했다.

그리고 늦은 밤 가끔씩 아빠는 작은 네모를 통해 남자와 여자가 껴안고 있는 모습을 보기도 한다. 그런데 그 사람들은 무척 가난한지 옷을 입지 않고 있는 경우가 대부분이고, 어디가 아픈지 이상한 소리를 내기도 한다. 그런 것이 대체 무슨 재미가 있는지?

"아빠, 그러지 말고 나랑 놀아요."

두마에게, 시베리아에서 꽁꽁 언 생선을 먹으며 썰매를 끄는 것이 행복한 삶이냐 아니면 덥지만 한국에서 살면서 피자나 짜장면을 먹는 것이 행복한 삶이냐 하는 것은 관점의 차이예요. 물론 그것이 당사자인 개가 아닌 주인의 주관적 선택이라는 문제가 있긴 하지만.

– 두마가 출연한 영화 「뽀삐」 중에서

Chapter.18

영화 출연

"내가 출연한 영화 「뽀삐」는
2002년 부천 판타스틱영화제 초청작이었고,
2018년 제6회 순천만 세계동물영화제 상영작
가운데 한 편으로 선정되었다."

내가 속한 추리작가협회는 매년 MT를 겸한 여름 추리학교를 개최한다. 오래 전 옵서버 자격으로 참가했을 때는 추리퀴즈대회에서 우승을 하여 상품도 많이 받았는데, 현역이 된 지금은 자격을 상실하여 조금 섭섭하다.

그래도 가능하면 빠지지 않고 참여하려 노력한다. MT는 2박3일의 짧은 기간이지만 오랜만에 선후배 및 동료작가들도 만나고, 추리소설에 관심이 있는 일반인도 만날 수 있는 재미가 있다. 물론 대개는 술과 카드로 밤을 새긴 하지만.

2001년 여름 추리학교에서 색다른 두 사람을 만났다. 30대 초반인 두 명의 여성으로 L은 충무로에서도 상당히 능력을 인정받고 있는 PD이고, K는 프랑스에서 영화를 전공하고 돌아온 감독으로 우리나라 단편영화제에서 수상한 경력이 있다고 했다.

추리소설이 영화에 도움이 될 것 같다는 생각에 참가했다는 이들과 맥주를 마시며 대화를 하다가 우연히 개 이야기가 나왔고, 내가 두마 자랑을 한 것은 당연한 일이었다.

감독 K가 안경 속의 눈을 반짝이며 물었다.

"개를 키우세요? 시베리안 허스키를요?"

"내 아들인걸."

"근데 개가 노래를 불러요?"

"그럼, 가수지. 특히 뽕짝을 좋아해."

K가 반신반의하는 눈치를 보였다. 추리학교인 만큼 어쩌면 이것도 트릭이 아닐까 생각하고 있을지도 몰랐다.

"어머! 잘됐다."

곁에 있던 L이 반색을 하며 끼어들었다.

"선생님, 실은 저희가 개를 소재로 한 영화를 기획하고 있거든요."

"그런데……?"

"두마를 출연시켜 주셨으면 해서요."

두마가 영화에 출연한다고? 하긴 두마가 노래하는 모습을 본 사람들로부터 TV 출연을 시켜 보라는 말은 많이 들었지만 그다지 내키지 않았는데, 영화라면 이야기가 조금 다르지 않은가? 더구나 일반 상업영화가 아닌 독립영화라니 크게 소문날 것도 없을 터였다.

그리고 보니, 사주에도 연예인 기질이 있다고 했지. 허 이렇게 신통할수가.

우리나라 영화 예술의 부흥까지는 아니더라도 나름대로 의미 있는 일이라는 생각에 수락을 했다. 하지만 영화가 어디 쉬운가? 영화계 사람들과도 아주 안면이 없지는 않은 터라 숱한 작가와 작품을 소개하고 내 작품도 들이밀어 보았지만 이루어졌던 경우는 거의 없었다.

별다른 기대는 하지 않았는데, 이번은 달랐다. MT를 다녀온 지 3개월쯤 지나 바람이 꽤 차가워진 11월에 두 사람은 우리 집을 방문했고, 영화 「뽀삐」의 시놉시스를 설명했다.

한 젊은 영화감독이 자신이 애지중지 키우다가 죽은 개 뽀삐를 기리기위한 영화를 만들 생각을 한다. 주변에서 개를 기르는 사람들을 만나 인터뷰를 하면서, 개에 대한 사람들의 생각과 애정을 알게 되고, 결국 개가 살기 힘든 환경은 사람도 살기 힘들다는 것을 깨닫게 된다.

거의가 실제 경험을 바탕으로 한 만큼, 나는 극중에서도 동네에 사는 작가로 등장하고 두마 역시 자신의 캐릭터 그대로 나오기로 했다. 두마는 영화에서도 생일 파티를 빌미로 멋진 노래 솜씨를 뽐내고, 나는 두마를 키우며 느낀 개와 인간의 관계에 대해 한마디 하면 된다고 했다.

크게 어려울 것도 없기에 출연하기로 했는데, 나는 노 개런티이고, 두마는 개 사료와 목욕용 샴푸 및 간식거리를 받는다는 조건이었다. 개 영화인만큼 개의 출연료가 비싼 듯했다.

정말 개만도 못한 처지가 된 기분이다. 뭐 그래도 아들이 잘 되길 바라는 마음을 가져야지 어쩌겠는가?

하지만 영화 촬영은 장난이 아니었다. 지루하기 짝이 없는 세팅 작업, 수없이 되풀이되는 NG… 그야말로 단순작업의 반복이라고 할 수도 있었다.

더구나 개가 연기를 제대로 하겠는가 아니면 사람의 마음을 제대로 헤아리겠는가? 휘파람을 불면 꼬리를 치며 달려오던 뽀삐도 카메라가 돌아가면 엉뚱한 곳으로 달려가기 일쑤였고, 하모니카를 불면 늘 노래를 부르던 두마도 시큰둥한지 평소의 멋진 바리톤이 아니라 '우웅-!!'하고 신통찮은 소리를 내기도 했다.

촬영이 끝났을 때는 사람도 개도 모두가 파김치가 되고 말았다. 정말 피곤했던 모양인지 두마는 다음날도 온종일 잠만 잤다.

"두마야! 세상에는 썰매 끄는 일보다 힘든 일도 많단다."

영화 「뽀삐」 중에서

촬영이 생각보다 지연되어 두마와 내가 출연한 영화 「뽀삐」를 본 것은 이듬해 6월이었다. 「뽀삐」가 부천 판타스틱 영화제 초청작으로 뽑혔으니 함께 보러 가자는 PD의 연락을 받고 동행을 했다.

관객들의 반응은 괜찮은 편이었고, 매스컴의 평도 호의적이었다. 그렇지만 나는 관계자인 만큼 냉정한 판단을 내리지는 못한다는 점을 감안해도 흡족하지 못했다.

단체사진을 볼 때면 남들은 전혀 의식도 하지 않는 자신의 모습에 신경 쓰이는 것이 사람이라지만, 결단코 나는 나와 두마 출연한 장면에는 불만이 없다. 빼어난 미남도 아니고 전문배우도 아닌 만큼 생긴 그대로 나왔으면 되는 게 아닌가? 두마 역시 그대로 나왔다.

내가 부족하다고 느낀 점은 영화는 구성이었다. 독립영화 제작 여건의 열악함 때문으로 소위 말하는 뒷심이 약한 것인지, 소설과 영화의 문법이 다르기에 내가 그렇게 느끼는 것인지는 몰라도 전체적으로 꽉 짜여 있지 못하고 할 이야기를 다 하지 못했다는 느낌이 들었다.

그래도 「뽀삐」는 내게 무척 소중한 영화이다. '인연'이라는 단어를 다시 생각하게 해준 때문이다. 두마를 내게 소개해 주었던 수의사가, 내 집에서 기거하던 후배에게 병원을 내어 주고 다른 곳으로 이사를 했는데, 공교롭게도 연출부가 섭외한 동물병원이 바로 그가 운영하는 곳이었다. 그 수의사 역시 잠깐 화면에 모습을 비추고, 개에 대한 이야기를 들려준다.

또한 극중에 등장하는 알래스칸 말라뮤트는 근처에 사는 S가 키우는 애견 비비로 두마의 걸프랜드이기도 하니 인연치고는 대단한 것이 아닌가? 물론 모두가 부지런한 PD와 연출부의 노력으로 이루어진 것이지만, 인연 역시 사람이 만들어 가는 것이고, 또한 사람들은 서로가 만든 인연 속에서 사는 것이라는 생각이 들었다.

요즘만 아니라 과거에도 동물은 곧잘 영화의 소재가 되었다. 어린 시절

손에 땀을 쥐며 보았던 TV 시리즈 「용감한 린티(The Adventures of Rin Tin Tin)」와 「명견 래시(Lassie)」는 지금도 어렴풋이 기억이 난다. 그 후로도 적지 않은 동물 소재 영화가 있었는데, 생각나는 대로 적어 보면 다음과 같다.

〈사진 IMDB〉

「레이디 앤 트램프(Lady and the Tramp/ 감독 클라이드 게로니미, 윌프레드 잭슨/ 목소리 출연 페기 리, 바바라 루디, 래리 로버트/ 1955)」

애니메이션. 떠돌이 개와 예쁘고 세련된 코카스파니엘의 사랑을 그렸다. 특히 스파게티를 함께 먹다가 입을 맞추는 신은 명장면이라 할 수 있다.

「황야의 모험(The Incredible Journey/ 감독 플래처 마클/목소리 출연 에밀 제네스트, 존 드레이니/ 1963)」

다른 주(州)로 바캉스를 떠났다가 주인 가족과 헤어지게 된 고양이와 두 마리 개가 집으로 돌아가면서 겪는 모험을 그린 영화. 1993년에 리메이크되었다.

「윌라드(Ben/ 감독 필 칼슨/ 주연 리 몽고메리, 조셉 캄파넬라/ 1972)」

공포물. 윌라드라는 소심한 청년이 쥐를 키우며 벤이라는 이름을 붙여 주고 함께 지내다가, 쥐떼를 이용하여 살인을 저지른다. 죄의식을 느끼고 쥐떼를 수장(水葬)시키지만 살아남은 벤이 동료들을 이끌고 복수를 한다는 내용. 마이클 잭슨이 어린 시절 불렀던 주제가 '벤'(Ben)이 유명하다.

〈사진 IMDB〉

「벤지(Benji/감독 Joe Camp/ 주연 패스티 개럿, 앨런 피우잿, 신시아 스미스/ 1974)」

벤지가 유괴된 아이를 찾아 준다는 따뜻한 영화. 속편도 제작되었다.

「터너와 후치(Turner & Hooch/감독 로저 스포티우드/ 주연 톰 행크스, 매어 위닝햄/ 1989)」

시골 한적한 마을에서 살인사건이 일어나자 형사(톰 행크스)는 현장에 있던 개 후치를 데리고 온다. 깔끔한 총각 형사와 지저분한 개의 이상한 동거가 시작되고… 결국 형사는 후치의 도움으로 마약범을 일망타진한다.

〈사진 IMDB〉

「K-9(K-9/감독 로드 다니엘/ 주연 제임스 벨루시, 멜 해리스/ 1989)」

사고뭉치 경찰이 마약수색견 K-9과 함께 악당들을 무찌른다는 내용. 극중 마약견의 이름은 제리 리(Jerry Lee)이며. K-9은 군견이나 경찰견을 지칭하는 이름이다.

「베토벤(Beethoven/ 브라이언 레반트/ 주연 찰스 그로딘, 보니 헌트, 딘 존스/ 1992)」

한 단란한 가정. 아이들은 우연히 식구로 맞게 된 세인트 버나드 종의 개에게 베토벤이라는 이름을 지어 주고 함께 지낸다. 매일 사고만 치던 베토벤은 놀라운 활약으로 사기꾼에게 속아 전 재산을 빼앗길 위기에 처한 아버지를 구한다.

〈사진 IMDB〉

「꼬마돼지 베이브(Babe/감독 크리스 누안/ 주연 크리스틴 카바누, 대니 만/ 1995)」

아기 돼지 베이브가 개 대신 양을 모는 일을 익숙하게 한다는 따뜻하고 환상적인 스토리의 영화. 베이브 역의 아기 돼지가 너무 빨리 자라서 수십 마리의 대역을 썼다는 뒷얘기가 있다.

〈사진 IMDB〉

「101마리의 달마시안(101 Dalmatians/감독 스테픈 헤렉/ 주연 글렌 클로즈, 제프 다니엘즈/ 1996)」

달마시안 100마리의 가죽으로 코트를 만들려는 의류회사 사장을 아이들과 개가 합세하여 혼내 준다는 내용.

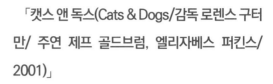

「캣스 앤 독스(Cats & Dogs/감독 로렌스 구터만/ 주연 제프 골드브럼, 엘리자베스 퍼킨스/ 2001)」

세계를 정복하려는 고양이 집단과 이에 맞서 싸우는 개 특수요원들의 활약을 그린 엎치락뒤치락 코미디.

〈사진 IMDB〉

「하치 이야기'(Miyazawa Kenji Sono Ai/ 감독/ 코우야마 세이지로/ 주연 나카다이 다츠야, 야치쿠사 가오루/ 1987)」

'함께 한 17개월, 홀로 기다린 10년'이라는 카피처럼 주인의 사랑을 받던 강아지 하치가 주인이 쓰러진 줄 모르고 역에서 한없이 기다린다는 슬픈 내용의 영화. 실화를 바탕으로 했으며, 토쿄 시부야역에는 하치의 동상이 세워져 있다고 한다.

〈사진 위;키백과〉

「스노우 독스(Snow Dogs/ 감독 브라이언 레반트/ 주연 쿠바 구딩 주니어, 제임스 코번/ 2002)」

유산으로 썰매개를 물려받은 한 치과의사가 눈썰매 대회에 참가하게 되고, 출생의 비밀도 알게 된다는 코미디. 시베리안 허스키가 원 없이 등장한다.

〈사진 IMDB〉

이밖에도 동물이 주인공은 아니지만 관계된 이야기로, 아프리카에서 동물을 생포하여 동물원으로 보내는 사람들의 우정과 사랑을 그린 「하타리(Hatari-)/ 감독 하워드 혹스/ 주연 존 웨인, 하디 크루거, 엘자 마티넬리/ 1962)」와 인간의 보호를 받고 자란 사자가 야성으로 돌아가기까지를 이야기를 다룬 「야성의 엘자(Born Free/ 감독 제임스 힐, 톰 맥고원/ 주연 버지니아 맥케나, 빌 트레버스/ 1966)」 등이 기억난다.

요즘에는 컴퓨터 그래픽의 발달로 이른바 동물의 연기를 표현하는 것이 가능해졌지만, 지나치게 정교하기에 오히려 감동은 반감되는 듯하다.

Dumas' View

노래 실력 덕분에 나는 색다른 경험을 했다. 영화에 출연한 것이다. 영화 「뽀삐」는 비록 내가 주연은 아니지만, 2002년 부천 판타스틱영화제 초청작이었고, 2018년 제6회 순천만 세계동물영화제 상영작 6편 가운데 한 편으로 선정되었다고 한다.

어느 날 많은 사람들이 집에 찾아왔다. 그리고 한낮임에도 불구하고 밝은 불을 켜놓고, 다리가 셋이고 눈은 하나인 이상한 모양의 쇠뭉치를 방 한구석에 세웠다.

아빠와 나 그리고 처음 보는 삼촌과 이모들은 케익과 음료수가 놓인 탁

자에 빙 둘러앉았다. 마치 생일을 치르는 것 같았다.

'이상하다. 내 생일은 9월이었던 것 같은데……?'

고개를 갸웃거리는데, 아빠가 하모니카를 꺼내들었다. 노래라면 자다가도 벌떡 일어나는 이 몸 아닌가? 나는 멋들어지게 한 곡 뽑았고, 사람들은 모두 뒤로 넘어갔다. 예술의 위대성과 함께 내가 무대 체질이라는 사실을 재차 확인한 순간이었다.

그렇지만 사람들이 자꾸 내 노래를 듣고 싶어 하는 모양인지 아빠가 계속 하모니카를 불어서 그날 나는 무려 11차례나 노래를 불러야 했다. 역시 예술의 길은 험난한 것이다.

며칠 후, 아빠와 나는 이모의 차를 타고 어디론가 갔다. 야외촬영을 위해서라고 들었지만, 내겐 상관없었다. 차를 타고 외출했다는 것이 중요했다. 차에서 내리니 얼마 전에 보았던 삼촌과 이모들이 기다리고 있었다.

'내 노래에 감동을 받은 모양이군. 다시 한 번 들려 줘야지.'

잔뜩 기대했지만 아빠는 도통 하모니카를 꺼내 들 생각을 하지 않았고, 내 목줄을 잡고 웬 나이든 이모에게로 데려 가는 것이었다. 그 이모 등에는 흰색의 귀엽게 생긴 마르티스 계집애가 업혀 있었다. 이름은 '뽀삐'라고 했다.

'아무리 살펴보아도 업혀 다닐 나이는 아닌 것 같은데… 쟤 취미생활인가? 독특하군.'

아빠는 그 이모와 몇 마디 나누더니 돌아섰다가는 다시 이야기를 나누고, 또 돌아섰다가 이야기를 하고… 끊임없이 같은 동작을 되풀이했다.

재미는 하나도 없고 피곤하기만 했다. 아마도 '감독'이라고 불리는 이모가 자꾸 같은 동작을 되풀이하라고 시키는 것 같았다. 이미 다 할 줄 아는 건데 자꾸만 시키니까 짜증스러웠다.

무려 4시간이 지나서야 밥을 먹고 집으로 돌아왔다. 별로 한 것도 없는데 자꾸만 졸음이 와서 온종일 잠만 잤다.

Chapter.19

썰매개의 국토종단

"디프테리아 혈청을 수송하여 수많은 생명을 구하고
숨진 시베리안 허스키 발토의 이야기는
애니메이션으로도 만들어졌다.
뉴욕 센트럴 파크에는 발토의 동상이 세워져 있으며,
매년 3월 혈청 수송을 기리는 레이스가 열린다."

러시아의 모피상 윌리엄 구삭(William Goosak)이 1909년에 시베리안 허스키로 구성한 팀을 이끌고 알래스카의 놈(Nome)에서 열린 185km를 달리는 경주에 출전했을 때, 아무도 그가 데려온 30㎏이 못 되는 작은 개들을 주목하지 않았다. 사람들은 빈정대는 말로 '시베리아 쥐'라고까지 하며 놀려댔다.

그러나 예상과는 달리 구삭은 시베리안 허스키가 끄는 썰매를 타고 경주에서 좋은 성적을 거두었고, 그의 개를 이끌고 경기에 출전한 덴마크 선원 출신의 루이스 더스트롭(Louis Thurstrop)은 우승을 거두어 지방은 행을 파산시킬 정도의 파장을 일으켰다.

이렇듯 시베리안 허스키들이 경주에서 발군의 실력을 보이자, 스코틀랜드 출신인 폭스 램지(Fox Maule Ramsay)는 직접 시베리아로 건너가 품종이 좋은 개 60마리를 데려와 3개의 팀을 만들었다.

1910년, 폭스 램지의 삼촌인 찰스 램지를 비롯하여 '철(鐵)의 사나이'로 불렸던 존슨 등은 이 시베리안 허스키를 이끌고 대회에 참가한 185km 경주에서 74시간 14분 37초라는 경이적인 기록을 세웠다. 1983년, 과거의 코스를 그대로 재현한 알래스카 썰매대회의 최고기록조차 당시의 기록보다 무려 10시간이나 뒤졌다고 하니 정녕 놀라운 일이 아닐 수 없다.

이미 남극을 정복한 노르웨이의 탐험가 로널드 아문젠이 북극 탐험을 떠나기 위한 준비에 한창이던 1914년, 그의 친구이자 놈 지역에 있는 파이오니아 광산의 지주였던 자펫 린드버그는 시베리안 허스키에 대한 소문을 듣고 이들을 사들여 린드버그의 회사 종업원이었던 레오나드 세팔라(Leonhard Seppala)에게 맡겼다.

하지만 제1차 세계대전 때문에 아문젠의 북극 탐험은 무산되었고, 세팔라는 시베리안 허스키를 데리고 출전한 썰매대회에서 1915년부터 1917년까지 3차례나 우승을 거두었다.

그러나 무엇보다 시베리안 허스키를 널리 알린 것은 혈청 수송 작전이었다. 1925년 1월, 알래스카의 놈 지역에는 디프테리아 전염병이 급속도로 확산되었고, 목숨을 구할 수 있는 혈청은 270km가 떨어져 있는 눌라토 지역에만 있었다.

급박한 상황이었으나, 엄청난 폭설로 기차조차 다닐 수 없게 되어 혈청을 가져올 방법이 없었다. 놈 지역의 썰매대회 출전자들은 즉시 계주팀을 꾸렸고, 세팔라 역시 20여 마리의 시베리안 허스키로 구성된 팀을 이끌고 눌라토로 향했다.

도중에 혈청을 실은 채 지쳐 있는 운반팀을 만난 세팔라 일행은 이미 130km 이상을 달려왔음에도 혈청을 건네받고 다시 썰매를 돌려 놈으로 향했다. 이때 팀을 이끈 용감한 시베리안 허스키의 이름은 '토고(Togo)'였는데 중도에 사망했고, 그 뒤를 이은 것이 구나 카젠(Gunnar Kaasen) 일행의 알파독 '발토(Balto)'였다. 하지만 발토 역시 혈청 수송을 마치고 숨을 거뒀다.

이처럼 목숨을 바쳐 빠른 시간 안에 혈청을 구해옴으로써 수많은 사람들을 구한 용감한 시베리아개의 이야기는 애니메이션 「발토(Balto: 감독 사이몬 웰스/ 목소리 출연 케빈 베이컨, 밥 호스킨스, 브리짓 폰다/ 제작 스티브 히크너/ 1995)」로 만들어져 전 세계에 알려졌다.

또한 뉴욕 센트럴 파크에는 발토의 동상이 세워졌으며, 매년 3월이면 놈 혈청 수송(Nome Serum Run)을 기리기 위한 '이디타로드 트레일 레이스(Iditarod Trail Race)'가 열린다.

그 후 세팔라는 시베리아 개들을 데리고 미국 일주 여행을 통해 많은 사람들에게 알렸으며, 뉴잉글랜드와 알래스카에 오늘날 우리가 시베리안 허스키라고 부르는 견종을 양산하는 켄넬을 설립하기에 이르렀다.

세팔라는 최초로 시베리아 개를 유입한 구삭과는 달리 이미 1920년대에 동일한 체형을 가진 시베리아 개들을 번식시켰고, 이들은 오늘날 시베리안 허스키의 견종 표준 수립에 많은 영향을 끼쳤다. 시베리안 허스키는 1930년 미국 켄넬클럽(American Kennel Club)의 공인을 받았으며, 최초의 스탠더드 규정은 1932년 4월 발간된 AKC 가제트에 실렸다.

애니메이션 '발토'〈사진 IMDB〉

발토의 동상〈사진 위키백과〉

모 TV방송국의 동물 관련 프로그램에 시베리안 허스키와 알래스칸 말라뮤트 12마리를 모아 서울에서 부산까지 종단하는 젊은 그룹이 나왔다. 그들은 개썰매 국토종단 훈련본부까지 설립하고, 훈련에 열심이었다.

우리나라는 알래스카처럼 눈이 많이 내리지 않으니 썰매에 바퀴를 달았을 뿐 나머지는 크게 다를 바 없었다. 하지만 개들 역시 썰매를 끌어본 적이 없고, 사람도 썰매를 몰아 본 경험이 없으니 반드시 훈련이 필요하다고 했다.

선발된 개들은 이름부터 범상치가 않았다. 알래스칸 말라뮤트는 '사모예드'와 '반테' 그리고 시베리안 허스키는 '짜르'였다. 더구나 그 중 한 마리의 주인은 주목받는 신세대 마술사라서 눈길을 끌었다.

주인의 보호만 받다가 다른 개들과 어울려 생활하고 썰매를 끌기 위한 첫 관문인 서열 다툼은 치열했다. 앞으로 달리려는 알파성향으로 인해 썰매를 리드하는 알파독의 자리를 놓고 투쟁을 벌이는 것이라고 했다.

그들의 싸움은 격렬하면서도 아름다웠다. 상대가 자기보다 강하다고 느끼면 즉시 땅에 누워 배를 보이는 순수함. 드림팀은 아니더라도 그야말로 최선을 다 하고 결과에 승복할 줄 아는 지성견(知性犬)의 모습이 아닌가?

동종의 개를 키우는 사람으로서 두마도 참가시켰더라면 좋았을 것을 하는 아쉬움과 함께 그들이 펼치는 감동의 로드 무비가 성공을 거두기를 진심으로 기원한다.

고립된 지역의 생명을 구하기 위해 개썰매로 혈청을 수송했던 역사를 재현한 그 야말로 '더 라스트 그레이트 레이스(The Last Great Race) 아이디타로드(Iditarod)'. 1972년부터 시작된 이 대회는 개썰매대회 가운데 가장 긴 거리인 1,049마일을 달리며, 매년 3월 첫째 주 토요일에 시작되는데, 2013년에는 앵커리지의 다운타운에서 개최되었다.

국내에서도 말라뮤트(Mymalamute) 개썰매대회를 비롯한 몇몇 대회가 개최되고는 있지만, 지역 및 기후 여건이 좋지 않고, 참가자도 많지 않아 그다지 활성화되지는 않았다.

Chapter.20

만약 시베리아에 가면

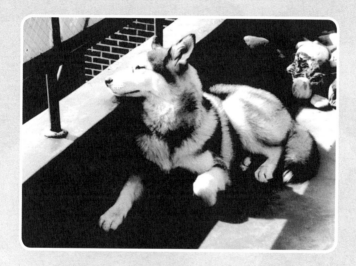

"나도 부모님의 고향 시베리아에 가보고 싶다.
그런데 이렇게 따뜻한 곳에 살다가 추운 데 가면
감기에 걸리지 않을까?"

두마는 이제 열 살이다. 낯선 땅에서 살다 보니 자연스레 적응이 되는지 이제는 뜨뜻한 아랫목에 배를 척 깔고 지지는 기쁨도 알게 되었고, 나름대로 눈치도 빨라졌다. 무조건 달리려만 하거나 누구에게나 친근한 본성은 아직 그대로지만 말이다. 하긴 천성은 쉽게 바뀌지 않는 법이니까. 자식 자랑은 팔불출이라지만 녀석은 참 잘생겼고 인상이 부드러워, 보는 사람이면 누구나 칭찬을 한다. 그리고 조금 친해지면 '새끼를 낳으면 한 마리 달라'는 부탁을 한다.

"애 수놈이예요."

"장가보내면 되잖아요."

"아비도 못 가고 있는데……."

"그게 무슨 상관이에요?"

"안 돼. 내 눈에 흙이 들어가기 전까지는 그 꼴 못 봐!"

"그래도 그건 못할 짓이죠."

말이야 농담처럼 했지만 과연 두마에게 짝을 만들어 주지 않는 것이 정녕 못할 짓인가? 심각하게까지는 아니더라도 제법 많은 생각을 해보았고, 수의사와도 상담을 한 적이 있다. 물론 수의사마다 다소 견해가 다를 수는 있겠지만, 이야기를 듣고서 나름대로 결론을 내렸다.

나도 집에 넓은 마당이 있으면 허스키 암놈을 구해 함께 놀게도 하고 새끼도 얻고 싶다. 하지만 만약 그렇다고 해도 매년 몇 마리씩 태어나는 새끼들을 어떻게 처리할지 고민스럽다. 아는 사람에게 주는 것도 한두 번이지. 그렇다고 돈을 받고 팔고 싶지는 않다.

이 같은 공간의 문제 외에도 수의사의 말을 들어보면, 애완견은 늘어났지만 현대생활의 특성상 대부분 아파트에서 주인의 과잉보호를 받으며 생활하는 때문에 많은 견공들이 동정(童貞)인 채로 생을 마감한다고 한다. 따라서 그 개의 혈통을 이어야 할 특별한 이유가 없다면 오히려 교배를 시키지 않는 것이 나을 수도 있다는 것이다.

개의 발정은 주기적인 것이지만 교배 경험의 유무는 큰 차이가 있다. 일단 성(性)에 눈을 뜬 개는 발정기에 욕구가 충족되지 않으면 성격이 나쁘게 변할 수도 있는 때문이다.

그리고 또 한 가지, 사람이 어떤 개를 좋아하는 이유 가운데 중요한 하나는 개의 성품이다. 그런데 그 피를 받았다고 해서 반드시 비슷한 성격을 가진 새끼가 태어나리라는 보장은 없다. 무늬만 같을 뿐 내용은 판이한 개라면 당연히 주인의 사랑을 받지 못할 것이다.

두마의 성격이 흠잡을 데 없이 좋다는 것은 아니다. 다만 두마는 나와 생활하는 것에 익숙해져 있고, 그러다 보니 내가 원하지 않은 것을 하지 않을 뿐이다. 그래서 나는 편하게 느끼는 것이고.

어쩌면 나는 두마 같은 성격의 개를 얻을 확률이 희박하기에 망설이고 있는 것인지도 몰랐다.

동물에게 행하는 수술도 관점에 따라 차이가 있을 수 있다. 타인에게 방해가 되지 않도록 하는 성대수술이 대표적인 예인데, 반드시 나쁘다고만 할 수는 없다. 얼마나 개와 떨어지지 않고 싶으면 짖지 못하게 만들어서라도 데리고 있으려 할까? 물론 가능하면 이러한 수술은 하지 않는 것이 좋다. 비용도 적지 않게 소요되고, 개에게도 불행한 일이니까.

그런 면에서 두마는 참으로 내 속을 편하게 해준다. 노래는 가수처럼 부르지만 평소에는 거의 짖지 않고, 동네 개가 짖어도 별다른 반응을 보이지 않는다. 외국어라서 그런가? 이젠 우리말도 거의 알아들을 텐데.

비록 가출을 몇 차례 한 전력은 있지만 두마는 내게 옆집의 항의를 받게 하지도 않고, 큰 병도 앓는 일 없이 건강하게 자라 주니 한편으로는 고맙기도 하다.

가끔씩 두마가 베란다에 나와 눈을 지그시 감은 채 주둥이를 하늘로 향하고 늑대처럼 '아우~!'하고 울 때면, 녀석이 가보지 못한 고향을 그리는 것은 아닌가 하는 측은지심(惻隱之心)도 든다. 그리고 놈의 생뚱맞은 표정을 보면서 이런 생각도 해본다.

"저 녀석도 이젠 짝을 찾아줘야 할 텐데… 하지만 아직 내 앞가림도 못하고 있는 처지니……."

Dumas' View

청운의 꿈을 안고 시베리아에서 건너온 것은 아니지만, 내가 태어난 지도 어언 10년이라는 세월이 흘렀다. 나로서는 견생(犬生)의 반 이상을 넘긴 것이지만, 어떻게 살아왔는지는 잘 모르겠다.

솔직히 개의 삶에 무슨 큰 굴곡이 있겠는가? 어렸을 때 집을 나왔다가 잠시 고생한 것이 생각나고, 다른 동네로 와서 살게 된―아빠는 '이사'라고 했다—것 정도가 굵직한 사건들이다. 참 그리고 보니 영화 출연도 했다. 이 정도면 개로서는 다양한 경험을 한 셈인가?

현재 아빠 노릇을 하는 대장에게는 내가 '작은 사람'이라고 부르는 엄마가 있지만, 내겐 개 엄마도, 사람 엄마도 없다. 대장이 아직 결혼을 하지 않았으니까 당연한 일이지만.

"그래도 말예요. 대장 아니 아빠! 아이는 엄마 손에 커야 한다는 사실 모르나요? 빨리 내게 엄마 될 사람 만들어서 내 고향 시베리아로 신혼여행 가요. 썰매 한 번 멋지게 태워 줄 테니까. 그런데 이렇게 따뜻한 데서 살다가 그곳에 가면 혹시 감기 걸리지나 않을까 몰라?"

"존재감이란 없을 때 비로소 확인된다."

'키우는 개는 주인을 닮는다'는 말이 있다.

소위 갑과 을의 관계로 보자면 지극히 당연한 말이다. 주인은 슈퍼 갑이요, 애완견은 말조차 못하는 을이다. 한 대 얻어맞더라도 주인이 부르면 꼬리 치며 달려오는 존재가 바로 애완견이다.

천성이 그런 즉, 주인의 습관에 따르게 되고, 사료 외에는 주인이 먹다 남긴 것을 먹으니 닮아가는 것은 당연하다. 아마 그런 관계를 견디지 못하는 개는 진즉 집을 뛰쳐나와 숙식은 다소 불안하지만 마음껏 자유를 누리는 노숙견(?)이 되었으리라.

첨언하자면, 일명 떠돌이 개인 노숙견과 유기견은 다르다. 노숙견은 자의에 의한 것이지만, 유기견은 무책임한 주인에 의한 것이니까.

개가 주인을 닮아 가듯, 주인은 개에 대한 배려가 깊어진다. 그리고 마땅히 그래야 한다. 사람이 가지지 못한 천성으로 기쁨을 주고, 식구라는 소중함을 느끼게 해주는 존재인 때문이다.

주인이 공을 던지고 명령을 내린다.

"물어 왓-!"

브레닌은 빤히 주인을 쳐다보며 꿈쩍도 하지 않는다. 마치 이렇게 말하는 것 같다.

"왜 물어 와야 하는데? 필요하면 직접 가져 오시든지. 아니, 애초에 던지지 않으면 될 것을."

영국 웨일스 뉴포트 출신의 괴짜 철학자이자 현재 미국 마이애미 대학교 철학과 교수인 마크 롤랜즈((Mark Rowlands)가 쓴「철학자와 늑대(The Philosopher and the Wolf: Lessons from the Wild on Love, Death and Happiness)」에 나오는 에피소드이다.

저자는 11년간 늑대 브레닌과 동고동락한 이야기를 그다지 무겁지 않게 철학적으로 풀어내고 있다. '늑대와 인간 중에 누가 더 가치가 있는가?'라는 실존과 본질에 대한 질문을 던지며, 사랑과 행복 그리고 죽음에 이르기까지 소소한 감정들을 잘 묘사하고 있다.

특히 '즐거움과 불편함이 하나 되어야 완전한 행복이라 할 수 있다'고 정의한 것이 인상 깊다. 그는 개나 늑대를 훈련시키는 것은 동물의 본능을 없애는 잔인한 행위라고 하며, 니체의 말을 인용한다.

"자신을 통제하지 못하는 사람은 대신 통제해 줄 누군가를 빨리 찾아야 한다는 것은 엄연한 진실이다. 규율은 가장 소중한 자유를 가능하게 한다. 규율이 없다면 잠시 허가된 자유일 뿐 진정한 자유가 아니다."

실제로 그는 늑대 브레닌을 훈련시키려 들지 않고, '가!', '이리 와!', '기다려!' 등 기본적인 '규칙'만을 정했다. 그 외에는 브레닌이 소파를 물어뜯건, 집안을 엉망으로 만들건 상관하지 않는다. 이처럼 몇 가지 규칙을 정해 놓음으로써 오히려 진정한 자유를 준 것이다.

책을 읽다가 문득 수년 전의 일이 생각났다.

외출하면서 음식물 쓰레기봉투를 갖다 버리려고 챙겨 두었다가, 깜빡 잊고 그냥 나왔다.

일을 보고 돌아오니 집안이 엉망이 되어 있었다. 싱크대 아래 둔 쓰레기봉투가 갈갈이 찢겨 있고, 바닥은 온통 음식물 찌꺼기로 더럽혀져 있었던 것이다.

"두마-! 이리 왓-!"

두마가 내 고함소리에 겁을 먹었는지 쭈뼛쭈뼛 하면서도 내게로 온다.

그 모습을 보는 순간, 작은 깨달음이 있었다. 개는 후각이 발달했으니 냄새나는 것에 흥미를 보이는 게 자연스런 일이고, 날카로운 이빨이 있으니 비닐봉투 물어뜯는 것도 당연하지 않은가.

두마의 입이 닿을 만한 곳에 쓰레기봉투를 놓고 외출한 내 잘못이지, 절대 녀석의 잘못이 아니었다.

작은 사건이지만, 그 이후로 두마에 대한 배려는 더욱 깊어졌고, 장난과 훈육을 엄격히 구별하게 되었다. 마크 롤랜드만은 못하더라도 억지로 훈련시키려 들지 않고, 나름의 규칙(?)을 정해 그 선을 넘지 않으면 거의 모든 것을 용인했다. 두마 또한 잘 따라 주어, 우리는 15년이란 짧지 않은 세월 동안 아웅다웅 알콩달콩 살 수 있었다.

2011년 겨울. 두마가 세상을 떠났다.

15년을 살았으니 사람으로 치자면 90세가 넘게 장수한 셈이지만, 영원한 이별 앞에서 눈물을 흘리지 않을 사람이 누가 있겠는가.

녀석이 나이가 들면서부터 어느 정도 각오는 하고 있었지만, 막상 일이 닥치니 어쩔지를 몰랐다.

어느 시인은 '아내가 없는 방은 커 보인다'고 했다는데, 정말이지 두마가 없는 방은 참으로 썰렁했다. 두마가 내게 얼마나 소중한 존재였는지를 실감할 수 있었다.

늘 곁에 있다 보니 오랜 세월을 함께 한 부부나 어린 시절부터의 친구처럼 서로 익숙해졌고, 공기나 물처럼 당연한 존재가 된 것이다.

있을 때는 존재감이 없지만, 없을 때는 존재감이 확인된다. 두마가 얼마나 소중한 존재였는지.

그 후로도 반 년 가까이 나는 상실감과 가벼운 우울증으로 무기력한 나날을 보냈다. 친구들은 새로 강아지를 얻어다가 키우라고도 했지만, 나는 거절했다.

두마 같은 개는 다시없을 것이라는 생각도 들었고, 나의 정이 나뉜다는 것도 싫었다. 어쩌면 한편으로 은근한 슬픔을 즐기고 있었는지도 모른다.

애완동물을 잃은 슬픔으로 충격을 받아 일상생활이 힘들어지는 것을 정신질환으로 분류하여 '펫로스증후군(Pet Loss Syndrome)'이라고 한다. 실제로 개건 고양이건 심지어 보통사람은 끔찍하다고 여기는 파충류라 할지라도 애완동물을 잃은 슬픔은 상상 이상으로 크다.

인간의 생명이 그 어떤 것보다 귀하다는 사실은 이성적으로 받아들이지만, 감성은 다를 수 있다. 막말로 이웃집 할머니나 친구 아버지가 돌아가셔도 별로 슬프지 않지만, 함께 지내던 반려동물이 세상을 떠났을 때의 슬픔이란 이루 말할 수가 없다. 더욱이 동물이 어디가 아프다고 말할 수 있겠는가, 유언을 남길 수 있겠는가?

"반려동물의 죽으면, 남자들은 가까운 친구를 잃은 듯한, 여자들은 자녀를 잃었을 때와 같은 고통을 느낀다."

「인간과 개, 고양이의 관계 심리학(Pourquoi les gens ont-ils la même tête que leur chien?)」의 저자이자 프랑스의 심리학자인 세르주 치코티(Serge Ciccotti)의 말처럼 반려동물의 죽음은 심각한 정신적 스트레스를 불러오고, 상실감으로 인한 우울증을 겪도록 만든다.

무엇보다 반려동물의 수명이 인간 1/4인 15~20년이라는 사실을 인정하지 못하는 때문이며, 나아가 살아 있을 때 제대로 돌보지 못했다는 죄책감 및 반려동물의 죽음에 대한 부정적인 요소나 원인−사고, 질병 등−에 대한 분노 또한 문제가 될 수 있다. 따라서 이를 외상 후 스트레스 장애의 한 부류로 보기도 하는데, 특히 독신자에게 잘 나타난다.

애완동물 장례 역시 문제가 아닐 수 없다. 시골에 사는 경우라면, 마당이나 뒷동산에 묻을 수−실제로는 이 또한 불법이다−도 있지만, 도시에 거주하는 경우라면 동물 장례 전문 기관을 찾아야 한다. 관련 법규는 다음과 같다.

1. 동물등록 말소신고

동물 등록이 되어 있는 애완동물이 죽은 경우에는 다음의 서류를 갖추어서 애완동물이 죽은 날부터 30일 이내에 동물 등록 말소신고를 해야 한다.(규제「동물보호법」 제12조 제2항, 규제「동물보호법 시행규칙」 제9조 제1항 제4호 및 제2항).

1) 동물등록 변경신고서(「동물보호법 시행규칙」 별지 제1호 서식)

2) 동물등록증

3) 등록동물의 폐사 증명 서류

2. 사체 처리와 관련해서 금지되는 행위

1) 사체 투기 금지

동물의 사체를 함부로 아무 곳에나 버려서는 안 되며(「경범죄 처벌법」 제3조 제1항 제11호 및 규제 「폐기물관리법」 제8조 제1항), 특히 공공수역, 공유수면, 항만과 같이 공중위생상 피해발생 가능성이 높은 장소에 버리는 행위는 금지된다.(규제 「물환경보전법」 제15조 제1항 제2호, 규제 「공유수면 관리 및 매립에 관한 법률」 제5조 제1호 및 「항만법」 제22조 제1호).

이를 위반해서 애완동물의 사체를 아무 곳에나 버리면 10만 원 이하의 벌금·구류·과료형에 처해지거나, 5만 원의 범칙금 또는 100만 원 이하의 과태료가 부과된다. (「경범죄 처벌법」 제3조 제1항 제16호, 제6조 제1항, 「경범죄 처벌법 시행령」 별표 제1호 가목 및 규제 「폐기물관리법」 제68조 제3항 제1호).

특히, 공공수역에 버리면 1년 이하의 징역 또는 1천만 원 이하의 벌금에 처해지고(「물환경보전법」 제78조 제3호), 공유수면에 버리면 3년 이하의 징역 또는 3천만 원 이하의 벌금에 처해지며(「공유수면 관리 및 매립에 관한 법률」 제62조 제1호), 항만에 버리면 2년 이하의 징역 또는 2천만 원 이하의 벌금에 처해진다(「항만법」 제97조 제3호).

2) 임의 매립, 소각 금지

동물의 사체는 「폐기물관리법」에 따라 허가 또는 승인받거나 신고된 폐기물처리시설에서만 매립할 수 있으며, 폐기물처리시설이 아닌 곳에 매립해서는 안 된다(「폐기물관리법」 제8조 제2항).

이를 위반하면 100만 원 이하의 과태료가 부과된다(규제「폐기물관리법」 제68조

제3항 제1호).

동물의 사체는 「폐기물관리법」에 따라 허가 또는 승인받거나 신고된 폐기물 처리 시설에서만 소각할 수 있으며, 아무 곳에서나 임의로 소각하면 안 된다(「폐기물관리 법」 제8조 제2항).

다만, 다음의 지역에서는 해당 특별자치시 · 특별자치도 · 시 · 군 또는 구의 조례 에서 정하는 바에 따라 소각이 가능하다. (규제 「폐기물관리법」 제8조 제2항 단서 및 「폐기물관리법 시행규칙」 제15조).

(1) 가구 수가 50호 미만인 지역

(2) 산간 · 오지 · 섬지역 등으로서 차량의 출입 등이 어려워 생활폐기물을 수 집 · 운반하는 것이 사실상 불가능한 지역

이를 위반하면 200만 원 이하의 벌금에 처해지거나(「악취방지법」 제28조 제2호), 100만 원 이하의 과태료가 부과된다(규제 「폐기물관리법」 제68조 제3항 제1호).

3. 사체 처리하기

1) 매장

(1) 동물병원에서 죽은 경우

애완동물이 동물병원에서 죽은 경우에는 의료폐기물로 분류되어 동물병원에서 자체적으로 처리되거나 폐기물처리업자 또는 폐기물처리시설 설치 · 운영자 등에게 위탁해서 처리된다(규제 「폐기물관리법」 제2조 제4호 · 제5호, 「폐기물관리법」 제18 조 제1항, 「폐기물관리법 시행령」 별표 1 제10호, 「폐기물관리법 시행령」 별표 2 제2 호 가목 및 「폐기물관리법 시행규칙」 별표 3 제6호).

애완동물의 소유자가 원할 경우 병원으로부터 애완동물의 사체를 인도받아 「동물보호법」 제33조 제1항에 따른 동물장묘업의 등록을 한 자가 설치·운영하는 동물장묘시설에서 처리할 수 있다.(「동물보호법」 제22조 제3항).

(2) 동물병원 외의 장소에서 죽은 경우

애완동물이 동물병원 외의 장소에서 죽은 경우에는 생활폐기물로 분류되어, 해당 지방자치단체의 조례에서 정하는 바에 따라 생활쓰레기봉투 등에 넣어 배출하면 생활폐기물 처리업자가 처리하게 된다(규제 「폐기물관리법」 제2조 제2호, 「폐기물관리법」 제14조 제1항·제2항, 규제 「폐기물관리법 시행령」 제7조 제2항, 규제 「폐기물관리법 시행규칙」 제14조 및 「폐기물관리법 시행규칙」 별표 5 제1호).

2) 화장
(1) 동물병원에서 죽은 경우

애완동물이 동물병원에서 죽은 경우에 동물병원에서 처리될 수 있는데, 소유자가 원하면 사체를 인도받아 「동물보호법」에 따른 동물장묘시설에서 소각할 수 있다.(규제 「폐기물관리법」 제18조 제1항, 규제 「폐기물관리법 시행령」 제7조 제2항 및 「폐기물관리법 시행규칙」 별표 5 제5호가목).

(2) 동물병원 외의 장소에서 죽은 경우

애완동물이 동물병원 외의 장소에서 죽은 경우에는 소유자가 화장장에서 소각하거나 동물장묘업자에게 위탁해 소각할 수 있다.

동물장묘업자란?

　동물장묘업자란 동물전용의 장례식장 · 화장장 또는 납골시설을 설치 · 운영하는 사람을 말하며, 필요한 시설과 인력을 갖추어서 시 · 군 · 구에 동물장묘업 등록을 해야 한다. (규제 「동물보호법」 제32조 제1항 및 「동물보호법 시행규칙」 별표 9 제2호). 동물장묘업 등록 여부는 영업장 내에 게시된 동물장묘업 등록증(「동물보호법 시행규칙」 별지 제16호 서식)으로 확인할 수 있다(「동물보호법 시행규칙」 제37조).

　※ 장묘업자 등록 현황: 동물보호관리시스템(www.animal.go.kr)

　사회가 발전하고, 애완동물에 대한 인식이 바뀜에 따라 관련된 복지정책도 확대되고 있다. '펫프랜들리 사회(Pet Friendly Society)'로 나아가고 있는 오늘날, 세계적으로 또 우리나라에서는 애완동물을 위해 어떤 복지정책을 펴고 있는지 언론에 소개된 내용을 모아 보았다.

　이탈리아의 한 대학교 교직원은 반려견의 수술을 위해 이틀의 유급휴가를 신청했지만 거절당하자 소송을 제기했다. 독신인 그녀는 "애견을 심각한 상태까지 방치할 경우 1년의 징역형 또는 1만 유로(1,345만 원)의 벌금에 처할 수 있다"는 이탈리아 형법 조항을 들어 자신의 요구가 정당하다고 주장했고, 법원은 이를 '개인 또는 가족에 관련한 심각한 이유'로 인정, 학교 측이 여성에게 유급휴가를 제공하도록 판결했다.

　이탈리아 동물보호단체 LAV의 대표 잔리카 펠리체티는 "동물을 재정적 이득이나 생산적 목적으로 키우는 대상이 아니라 가족의 일원으로 인정했다는 점에서 의미가 있다"고 평가했다.

스코틀랜드 맥주회사 브루독(Brewdog)은 강아지를 새로 입양한 직원에게 일주일의 유급휴가를 준다. 이 같은 복지정책은 미국 오하이오 주 콜럼버스 근처에 새로 문을 열 예정인 공장에 근무하는 직원을 포함해서 전 세계 천여 명의 직원에게 적용될 예정인데, 공동창업자인 제임스 와트와 마틴 디키는 유급휴가의 의의를 다음과 같이 밝혔다.

"새로 온 개가 집에 적응하도록 돌보면서 회사 업무를 보기란 쉽지 않죠. 직원들의 스트레스를 줄이고, 개가 가족에게 적응할 수 있는 시간을 주기 위한 정책입니다."

높은 연봉과 다양한 복지정책으로 '신의 직장'이라 불리는 글로벌기업 구글도 예외는 아니다. 구글은 최근 직원들이 반려동물과 함께 출근할 수 있도록 했는데, 근무 만족도가 훨씬 높아졌다고 한다.

재미있는 것은 고양이보다는 개를 데려오는 경우가 많다는 사실. 개와 고양이가 함께 있으면 문제가 생기지 않을 수 없기 때문이다. 견원지간(犬猿之間)만이 아니라 견묘지간(犬猫之間)이라는 말도 만들어져야 하지 않을까 싶다.

일본에서도 반려동물을 키우는 직원을 위한 복지정책을 펴는 기업이 증가하고 있다. 어플리케이션 개발회사 유레카는 직원들이 SNS를 통해 월 3회 무료로 수의사와 상담할 수 있는 제도를 도입했으며, 반려동물을 위해 연 3회 반일 휴가를 사용할 수 있도록 하고 있다.

직원 절반 가까이가 반려동물을 키우고 있는 유아용품 기업 유니참은 기르던 반려동물이 사망했을 경우 하루의 유급휴가를 준다.

국내에서도 펫프랜들리 기업이 증가하고 있다. 반려동물 토털서비스

주베베는 펫족에게 도움이 되는 다양한 서비스를 제공하고 있으며, 채용 과정에서 반려동물 가족을 우대하고, 반려동물을 동반한 출근도 가능하다.

핸드메이드 코스메틱 브랜드 러쉬코리아는 결혼이나 출산한 직원에게 육아수당을 지급하듯 반려동물을 키우는 독신자에게 월 5만 원의 특별수당을 지급한다. 또한 기르던 반려동물이 사망했을 경우에는 하루의 유급휴가를 준다.

이 같은 시류에 부응하여 우리나라 지자체들도 반려동물 보호와 동물 복지 확대에 박차를 가하고 있다.

서울시는 전국 최초로 구로구에 반려동물과 보호자의 동반교육이 가능한 '서울반려동물교육센터'를 개장했다. 이곳을 방문하면 전문가의 교육을 통해 반려동물의 행동을 교정하고, 인근 안양천에서 실습과 훈련도 할 수 있다.

대전시는 낙후된 유성구 갑동 동물보호센터를 확장·이전하기 위해 금고동에 '플랜더스파크'를 조성하고 있으며, 청주시는 시내 근린공원에 반려견을 위한 공간을 설치할 계획이다. 제천시는 청전뜰 초록길 인근의 논을 매입하여 반려동물과 가족들을 위한 놀이터를 만들 예정이며, 충주시는 개와 고양이를 위한 놀이터를 조성하기로 했다.

광주시도 유기동물 보호를 위해 관련예산을 추가 편성하고, 입양센터, 보호교실 등을 아우르는 반려동물 종합보호센터 건립을 서두르고 있다.

울산시는 호계동 농소공원 내에 '더불어 사는 숲속 놀이터'를 주제로 한 반려동물문화센터를 건립 중이다. 2019년에 준공 예정이며, 오는 11월에는 태화강 둔치에서 '반려동물 문화축제'를 개최할 계획이다.

정치권도 가세했다. 여야 5당 대표들은 정치이념을 떠나 애니멀피플과 펫팸족(Pet Family의 약칭)의 마음을 얻기 위해 다양한 공약을 내놓고 있다. 특히 여성인 심상정 의원이 열성적이다.

지자제나 정치권의 합류는 반길 일이지만 경제적 이득이나 표심(票心)을 얻기 위한 방안만이 아니라 진정으로 반려동물에 대한 사랑을 실천하기 위한 마음이 바탕 되었기를 바란다.

사람은 물론 반려동물도 온전한 대접을 받을 수 있는 세상이 된다는 것은 그야말로 「멋진 신세계」가 아닌가. 같은 제목의 소설을 쓴 올더스 헉슬리(Aldous Huxley)가 예견한 우울한 미래와는 확연히 다르.

두마총(頭磨塚)

두마는 우리 집 마당 햇빛이 잘 비치는 곳에 누워 있다. 그리고 나는 그

곳에 벽돌로 개 형상을 만들어 표시를 해두고, 다소 거창하지만 '두마총(頭磨塚)'이라 이름 지었다.

두마가 세상을 떠난 후, 우리 집을 방문한 스님 한 분이 두마총을 보더니 "미물인 개를 생각하는 마음이 애틋하다"면서 천도재(遷度齋)를 해주시겠다고 했다. 천도재란 영가(靈駕: 육체 밖에 따로 있다고 여겨지는 정신적 실체)가 편히 가도록 살아 있는 이와 얽힌 인연의 고리와 못 다한 정을 내려놓도록 하는 의식이다.

"개도 천도재를 합니까?"

"종교도 트렌드를 따라가야 하니까요."

그래서 간단히 제상을 차리고 천도재를 준비하는데, 스님이 내게 종이를 한 장 건넨다.

「亡犬 ○○之位(망견 ○○지위)」

"거기 빈 곳에 개 이름을 쓰세요."

다른 글자가 모두 한자라서 '頭磨(두마)'라고 써넣었다.

"개 이름을 쓰라니까요."

"그게 이름이에요."

"아니 개한테 한자 이름도 있어요? 허허! 내가 죽은 동물 수십 마리를 천도했지만 한자로 이름을 가진 경우는 처음 봤소. 역시 다르셔. 멋지네요."

그리고 스님은 독경을 시작했다.

"있음이 없음이요 없음이 있음이나, 있음은 있음이요 없음은 없음이라. 있음이 없음이요 없음이 있음이라 하는 바는 있음은 없음에서 비롯되는 바 없음은 없지 않음이요, 있음은 성주괴공(成住壞空) 생주이멸(生住異

滅)이라. 생이 본래 진생(眞生)이 아니요 가생(假生)이며, 멸이 또한 진멸(眞滅)이 아니요 가멸(假滅)이니, 그리하여 생이 영생이 아니요 멸 또한 절멸(絶滅)이 아닌지라, 생과 멸에 집착하지 않고 초월함으로써 불생불멸의 참된 경지에 스스로 안주하게 될 것이다."

Tip   ::

흔히 커다란 묘를 총(塚)이라고 한다. 만주에 있는 고구려시대의 무용총(舞踊塚), 임진왜란 때 순사한 의사들을 기리는 칠백의총(七百義塚), 조개껍데기로 만든 패총(貝塚) 등이 있다.

키우던 개의 묘를 '총(塚)'이라 하는 것은 다소 오버한 것이겠으나… 어쩌랴, 아비의 마음인 것을.

싱글남의 애견일기

지은이 · 오현리
펴낸이 · 이충석
꾸민이 · 성상건

펴낸날 · 2019년 1월 30일
펴낸곳 · 도서출판 나눔사
주소 · (우) 03354 서울특별시 은평구 불광로 13가길
　　　 22-13(불광동)
전화 · 02)359-3429 팩스 02)355-3429
등록번호 · 2-489호(1988년 2월 16일)
이메일 · nanumsa@hanmail.net

ⓒ 오현리, 2019

ISBN 978-89-7027-343-3-13490

값 9,500원
잘못된 책은 바꾸어 드립니다.

이 도서의 국립중앙도서관 출판예정도서목록(CIP)은 서지정보유통지원시스템 홈페이지
(http://seoji.nl.go.kr)와 국가자료공동목록시스템(http://www.nl.go.kr/kolisnet)에서 이용하실 수 있습니다.
(CIP제어번호 : CIP2019002769)